ERNST KRET

Verhaltensauffällig
– WAS TUN?

Arbeitshandbuch für Schule und Familie

VER I TAS

Für Malaika
und
andere junge Leute

Möget ihr immer die Kraft und den Mut haben,
uns aufzufallen,
uns zu stören,
uns lästig zu sein,
wenn wir versäumten,
Liebe zu erwidern,
die ihr uns gegeben!

Inhalt

Vorwort 4
1. Verhaltensauffällig – was tun? 5
   1.1. Verhaltensauffälligkeiten verstehen 7
   1.2. Reden – aber handlungsorientiert 11
   1.3. Fragen stellen 11
   1.4. Ringen um Kontinuität und Kreativität 12
   1.5. Beobachten und differenziert handeln 12
   1.6. Ganzkörperliche Sichtweisen und Handlungsmuster organisieren 12
2. Was dieses Buch (nicht) will (kann) 14
   2.1. Lernen – ein wertneutraler Prozess 15
   2.2. Zur Fragwürdigkeit des „Normalen" 16
   2.3. Was tun? – Schlussfolgerungen 18
3. Einige Probleme und viele Chancen 21
   3.1. Die Probleme 21
   3.2. Die Chancen 33
4. Zusammenfassende Thesen 67
   4.1. These 1: Lernen kann Verhalten auffällig machen 67
   4.2. These 2: Verhaltensauffälligkeiten sind das Ergebnis
         gesamtgesellschaftlicher Verhaltensdeterminanten 68
   4.3. These 3: „Der Ton macht die Musik" –
         Die Kommunikation ist eine ganz wichtige Verhaltensdeterminante 69
   4.4. These 4: Im Umgang mit Verhaltensschwierigkeiten muss man sich
         um eine verhaltensdifferenzierende Sicht bemühen 71
   4.5. These 5: Verhaltensstörungen sind auch Produkte vielfältiger Rahmenbedingungen 72
   4.6. These 6: Gegenmittel Nr. 1 – Im Umgang mit Konflikten
         für alle Beteiligte Erfolgserlebnisse organisieren 73
   4.7. These 7: Lernprozesse professionell organisieren heißt,
         Verhaltensschwierigkeiten vorbeugen 74
5. Praktische Schlussfolgerungen, Vorschläge, Tipps, Tricks, Ideen 77
   5.1. „Lernpsychologische Tricks" 82
   5.2. „Ganzkörperliche Tricks" 86
   5.3. „Kommunikationstricks" 94
   5.4. „Empathie-Tricks" 106
   5.5. „Manipulative Tricks" 116
   5.6. „Lustgewinn-Tricks" 124
   5.7. „Lernprofi-Tricks" 130
6. Schlusswort 132
Literatur 134

Vorwort

Schon immer haben ganz besonders jene Menschen, deren Verhalten in gewisser Weise „auffällig" ist, das Interesse der Allgemeinheit auf sich gelenkt. Warum sonst wird jeden Tag in den Medien gerade so viel über jene Leute berichtet, die durch irgendwelche besonderen Aktivitäten aufgefallen sind? Auffälliges Verhalten ruft zwangsläufig Interesse hervor.

Für einige Berufe ist „Auffälligkeit" im Sinne der positiven Karrierebeschleunigung geradezu ein Muss. Politiker, Schauspieler, Schriftsteller, Weltumsegler u. v. a. müssen ständig bestrebt sein, möglichst auffällig zu agieren. Über den Auffälligen kann berichtet und diskutiert werden. So jemand ist einfach interessanter. Aus diesem Blickwinkel gesehen, haben viele Auffälligkeiten in unserer Gesellschaft einen positiven Beigeschmack.

In der Schule und bei Erziehungsangelegenheiten im Elternhaus wird „Auffälligkeit" hingegen plötzlich negativ bewertet. Es ist auch ganz klar, warum, denn verhaltensauffällige Kinder gelten pauschal als Störer. Es ist in der Tat wesentlich einfacher, SchülerInnen zu unterrichten, die sich alle ungefähr gleich „brav" verhalten, und zu Hause Kinder zu haben, die möglichst wenig störende Belastung verursachen. Wird jedoch Verhaltensauffälligkeit lediglich durch disziplinäre Maßnahmen unterdrückt, so liegt darin meiner Ansicht nach eine große Gefahr. Dann besteht nach düsterer Orwell'scher Vision die Tendenz, lauter ähnliche, unterwürfige, graue Einheitsmenschen heranzubilden.

Aber es sind doch gerade die individuellen Eigenheiten, die jeden Menschen einzigartig machen. Sie durch falsch verstandene Erziehung zu unterdrücken wäre unverantwortlich. Sehen wir also in der so genannten Verhaltensauffälligkeit von Kindern einen positiven Aspekt. Selbstverständlich haben wir alle uns an Normen zu halten, nur sie machen das gesellschaftliche Leben erst möglich. Klarerweise haben sich auch die jungen Menschen zu Hause und in der Schule gewissen Normen anzupassen. Das ist unbestritten.

Doch diese Anpassung sollte auf keinen Fall durch Zwang und Unterdrückung erfolgen. Diese Anpassung ist verantwortungsvoll, behutsam und sehr individuell durchzuführen.

Albert Einstein, selbst ein äußerst sympathischer, und unbestritten „verhaltensauffälliger Mensch", hat einmal gemeint, dass man, um ein tadelloses Mitglied in der Schafherde sein zu können, in erster Linie selbst ein Schaf sein muss. Eine Schafherde braucht stets einen Leithammel, dem sie hinterhertrottet. Unsere Gesellschaft hingegen benötigt möglichst individuelle Menschen, die sich nicht nur nach einem „Leithammel" orientieren, sondern auch in der Lage sind, selbstständig eigene Wege zu gehen.

Viele Kinder haben auch aufgrund ihrer sozialen Situation psychische Störungen und Entwicklungsprobleme, die sich in Verhaltensauffälligkeiten manifestieren. In diesem Fall hilft nur ein ganzheitlicher Lösungsansatz, auf den das vorliegende Buch hinweist. Auffälliges Verhalten kann seine Ursache auch in einer geistigen Behinderung und im unsensiblen Umgang damit haben. Es spricht für die Feinfühligkeit und Kompetenz des Autors, dass er auch Anregungen zum besseren Verstehen dieser Kinder vorlegt.

Das engagierte pädagogische Wirken von Ernst Kret beeindruckt mich bereits seit vielen Jahren. Schon mit seinen bisherigen Arbeiten hat er auf interessante Wege des Lernens – abseits der ausgetretenen Pfade – hingewiesen. Dieses neue Buch bietet einen hervorragenden Ansatz, wie Verhaltensauffälligkeiten so kultiviert werden können, dass die individuelle Eigenart der Betroffenen dennoch erhalten bleibt.

Mag. Johann Stadler
(Amtsführender Präsident des Landesschulrates für die Steiermark)

1. Verhaltensauffällig – was tun?

Geht man von der eigenen Erfahrung aus, die nach *J. Rogers* für jeden „die höchste Autorität" sein sollte, scheint die Fragestellung „Was tun mit Verhaltensauffälligen?" brandaktuell. Es gibt kein Thema, das in meiner Lehrerfortbildungstätigkeit in den letzten Jahren mehr Interessenten angezogen hätte als gerade dieses. Auch in Bereichen der Lehrerausbildung ist das Interesse an Fragestellungen zum Umgang mit Störungen im Unterricht besonders groß. So scheint vordergründig besonders in Bereichen der schulischen Praxis dieses Thema eine Hauptrolle zu spielen.

Zudem lassen die Erfahrungen in vielen Bereichen meiner Tätigkeit als Klinischer und Gesundheitspsychologe stark vermuten, dass auch in der Elternschaft der Umgang mit Verhaltensauffälligkeiten gerade in unserer Zeit von zunehmender Bedeutung ist. Erziehungsschwierigkeiten, Kommunikationsdefizite, verbale und körperliche Aggression, Liebesentzug seitens der Kinder gegenüber ihren Eltern, ja sogar in frühen Kindheitsjahren schon auftretende Suiziddrohungen sind in diesen Gesprächen Gegenstand alltäglicher Elternklagen. Verhaltensauffälligkeiten und Verhaltensstörungen werden auch gerne, ohne eine genauere Klärung der Phänomene vorzunehmen, als Ursachen für die Verhaltensprobleme der LehrerInnen selbst genannt. Das Burn-out-Syndrom, eine Fülle psychosomatischer Reaktionsmuster und natürlich die Probleme mit der eigenen Persönlichkeit sowie der zunehmende Imageverlust der Lehrerschaft in der Bevölkerung werden nicht selten mit den zunehmenden Verhaltensstörungen und -auffälligkeiten der Kinder begründet.

Der Soziologe *V. Backert* bezeichnet in einem Buch, das er „Verlust der Geborgenheit" nennt, die Gesellschaft, in der wir leben, als „kinderkrank".

Diese Gesellschaft sei zwar kinderbewusster, aber nicht kinderfreundlicher geworden. Materialismus und Streben nach Luxus beinhalten in Zusammenhang mit Überforderung und Überproduktion die drastische Abnahme der Kinderzahl. Es käme zu Einsamkeit und Orientierungsverlust und einer Unterdrückung der Eigenpersönlichkeit durch rigide Beziehungssysteme. Die Wurzeln für das Fehlverhalten der Menschen seien Ängste, Bindungsschwächen und Leistungsunlust bei hohem Leistungsdruck. Hinzu kämen Zunahmen von Kindesmisshandlungen und sexuellen Missbräuchen, die *Backert* als besondere Signale für soziale Fehlentwicklungen sieht. (Vgl. *Backert, V.*, 1984)

Erwin Ringel schrieb in einem Aufsatz, „… dass mehr als die Hälfte aller Kinder neurotisiert in die Schule kommen, wo sie alsbald durch Verhaltensstörungen auffallen." Er zitiert im gleichen Aufsatz *Brechts* „Puntila" mit dem Satz: „Den guten Herrn finden sie bestimmt, wenn sie erst ihre eigenen Herren sind." Damit spricht *Ringel* auch schon jene Haltung an, die nach meinen Erfahrungen für eine sinnvolle Auseinandersetzung mit den von allen Seiten beklagten „Störern", sozusagen als „pädagogische Grundeinstellung", unbedingt notwendig ist, dass nämlich das höchste Erziehungsziel die Fähigkeit zur Selbstregulation des eigenen Verhaltens ist. Der Aufbau einer Grundeinstellung dieser Art wird vor allem eine Hürde zu überwinden haben, die *Ringel* durch folgende Aussage *Ingmar Bergmans* recht treffend verdeutlicht: „Unsere Schüler verlassen die Schule als Analphabeten des Gefühls." (Vgl. *Ringel, E.* In „Brennpunkt Schule". *Kettel, E.*, 1993).

Richtig ist sicher, dass elterliche und schulische Erziehung heute in einem völlig anderen Umfeld stattfinden, als dies noch vor 10, 20 oder 30 Jahren der Fall war. Die gesamtgesellschaftliche Situation hat sich in vielen Punkten verändert, von denen die folgenden wohl diejenigen mit den größten Auswirkungen sind:

- Das Erziehungsumfeld ist heute komplexer und schwieriger zu analysieren als je zuvor. Es ist durch den Umgang mit Medien und die dadurch bis in die Familien und Schulen „gewaltsam" wirkenden Realitäten, aber auch Scheinrealitäten, sowie den daraus und aus weiteren Faktoren resultierenden, veränderten Rangreihen der Werte noch komplexer, vor allem aber in Bezug auf Ursachengrößen und das tatsächliche Ausmaß ihrer Wirkung undurchschaubarer geworden.
- Die Rolle der Lehrerschaft befindet sich zweifellos im Umbruch. LehrerInnen werden in der Öffentlichkeit abgewertet, ihre Leistungen, ja das ganze Berufsbild kritisiert, und teilweise wird dem ganzen Berufsstand überhaupt die Existenzberechtigung abgesprochen. Andererseits ergibt sich eine permanente Zunahme erziehlicher Aufgaben für Menschen, die den Lehrberuf ausüben, und, was für diesen Berufsstand, historisch gesehen, relativ neu ist, eine verstärkte Notwendigkeit zu kooperativen Maßnahmen der Unterrichtsplanung, -durchführung und -auswertung.
- Auch die Leistungsanforderungen in unserer Gesellschaft, ganz allgemein gesehen, verändern sich ständig und bedingen sehr rasche Reaktionen auf dem Gebiete der Schulentwicklung und der Erziehung und Bildung insgesamt.

Im Schulalltag führen die drei genannten Punkte der gesamtgesellschaftlichen Veränderung zu gravierenden Folgeerscheinungen für alle Beteiligten und zu zwingendem Handlungs- und Wandlungsbedarf:

- Das Beziehungsdreieck Eltern – Kind – Lehrerschaft müsste nicht nur gesetzlich, sondern auch in der Praxis ständig weiter ausgebaut und durch vertrauensbildende Maßnahmen von allen Seiten als „Werkzeug" zum besseren Verständnis dieser multimedialen Welt nutzbar gemacht werden.
- Durch die massive Zunahme integrativer Aufgaben für die Lehrerschaft, die sich aus dem Zwang zu verstärkter Kooperation, der Zunahme der Leistungs- und Verhaltensheterogenität innerhalb einer Klasse u. a. Faktoren ergab, muss eine „Umdefinition", möglicherweise sogar „Neudefinition" des Berufsbildes nicht nur von außen, sondern auch im Bewusstsein der LehrerInnen selbst erfolgen.
- Die Folge der gesamtgesellschaftlichen „Erfolgsdrucks-Spirale" ist natürlich ein Anstieg auch des Erfolgsdruckes für Lehrpersonen, Kinder und deren Eltern. Diesen Druck sollte man mit „solidarischen Modellen" zu mindern versuchen.

Vorausgeschickt soll hier werden, dass es infolge dieser und anderer noch zu ergänzenden Rahmenbedingungen für erziehliches Handeln in Schulen wie auch Familien nicht selten zu einer Zunahme von Gefühlen der Hilflosigkeit bis hin zu exzessiven Vermeidungshaltungen, also Angst, bei der Lehrerschaft, den Kindern und Jugendlichen sowie deren Eltern kommen kann.

Lässt man sich allerdings zu sehr auf eine derartige Negativsicht ein, können die schon vorgegebenen und ständig neu hinzukommenden Bildungs- und Erziehungsziele nur noch schwerer erreicht werden. Bei allem Verständnis für dramatische Sichtweisen und durchaus ernsthafter Anerkennung empirischer Daten über das Problem, das in diesem Buch behandelt werden soll, gilt es meines Erachtens, hier eher eine zukunftsorientierte positive Sichtweise zu entwickeln, deren erster Bestandteil wohl sein muss, Konflikten auch etwas Positives abgewinnen zu können. *Jean-Paul Sartre* trifft diese Gedankengänge genau, wenn er meint:

„Es kommt nicht darauf an, was man aus uns gemacht hat, sondern auf das, was wir aus dem machen, was man aus uns gemacht hat."

Dabei kann es keineswegs nur darum gehen, ausschließlich die Selbstkompetenz zu verbessern, denn was wir aus dem machen, was man mit uns gemacht hat, steht auch in enger Wechselbeziehung zu der Frage, wie es uns als Persönlichkeiten gelingt, Rahmenbedingungen für erziehliches Handeln zu verbessern. Die Gegenüberstellung oder gar das Ausspielen von persönlichkeitsfördernden Maßnahmen gegenüber Maßnahmen, die das gesamte System betreffen, in dem Erziehung stattfindet, halte ich nicht für wirklich zielführend. Wenn es die hier eingangs angesprochene Entwicklung tatsächlich gibt, so wird nur dadurch eine Veränderung zu erreichen sein, dass Verbesserungsmaßnahmen in gleicher Intensität in Bereichen der Persönlichkeitsbildung wie auch der Entwicklung unseres gesamten Gesellschaftssystems stattfinden.

Dasselbe gilt übrigens auch für notwendige Verhaltensänderungen, also für Lernprozesse, die ErzieherInnen und LehrerInnen auf der einen Seite wie SchülerInnen auf der anderen Seite anstreben und umsetzen müssen.

„Lehren ohne Schüler, schreiben ohne Ruhm ist schwer."

So formulierte es *Bert Brecht* schon 1935, und dieser einfache Satz belegt sehr deutlich, dass einander die Existenzen und damit auch die Aufgaben der LehrerInnen und SchülerInnen bedingen. Bevor jedoch in diesem Buch Gedanken darüber angestellt werden, welche Seite welchen Anteil zur Problembewältigung beitragen könnte, muss unbedingt die Frage geklärt sein: „Was ist denn nun tatsächlich eine Verhaltensauffälligkeit?"

1.1. Verhaltensauffälligkeiten verstehen

Es hätte sich an dieser Stelle natürlich angeboten, den Begriff Verhaltensauffälligkeiten zu definieren. Sinnvoller erscheint es jedoch, in Anlehnung an *F. Sedlak* hier den Begriff „verstehen" zu verwenden (*Sedlak, F., 1992, S. 79*), was eine ständige Auseinandersetzung mit dem Phänomen eher impliziert als die Anmaßung, tatsächlich Verhaltensauffälligkeiten einzuteilen, sie zu kategorisieren, gewissen Personen zuzuordnen, sie „erklären" zu können.

Der Begriff selbst drückt schon das Generalproblem der gesamten Thematik aus. Denn es ist immer die Frage, wer wem wodurch überhaupt auffällig erscheint.

Natürlich gehen wir als ErzieherInnen, LehrerInnen, PädagogInnen, etc. stets davon aus, dass es berechtigt sei, von unserer Warte aus Kinder als verhaltensauffällig zu bezeichnen. Doch wer sagt uns, dass aus der subjektiven Sicht der Kinder nicht auch wir Erwachsene verhaltensauffällig sind? LehrerInnen erleben zum Beispiel Kinder als verhaltensauffälliger, wenn diese sich bewegter und lauter während des Unterrichts verhalten. Um diese Verhaltensauffälligkeiten unter Kontrolle zu halten, werden Klassenregeln aufgestellt, die zumeist im Interesse der LehrerInnen sind. Dies ist aber nicht das einzige Problem. Leider halten auch wir selber diese Regeln oft nicht ein. Wenn eine Vereinbarung zum Beispiel lautet, dass nur jener Schüler sprechen darf, der diese Absicht durch das Aufzeigen kundtut, andererseits im Zuge des Unterrichtsgeschehens von der Lehrperson dann doch Kinder aufgerufen werden, die das Richtige, allerdings ohne aufzuzeigen, sagen können, kann es zu auffälligen Verhaltensweisen der Schüler kommen. SchülerInnen, die sich zwar die „Aufzeige-Regel" gemerkt haben, erleben, dass den „Wissenden" in der Klasse offensichtlich „Exklusivrechte" in Bezug auf die Einhaltung der von der Lehrperson aufgestellten Regel eingeräumt werden. Sie werden vielleicht zu schwätzen beginnen, selbst unangemeldet Redebeiträge liefern, etc., jedenfalls den Unterricht aus der Sicht der Lehrperson stören. Diese wird ihre in diesem Falle unzweifelhaft eigene „Verhaltensauffälligkeit", wie man die Nichteinhaltung der von der Lehrperson selbst aufgestellten Regel bezeichnen kann, als „Verhaltensauffälligkeit" des Schülers beurteilen, weil sie, was, nebenbei angemerkt, ja wohl auch legitim ist, ihren eigenen Regelverstoß im Zuge ihres Unterrichtseifers wohl gar nicht bewusst wahrnahm.

Wer war nun in diesem Fall tatsächlich verhaltensauffällig?

Noch dramatischer veranschaulicht das letzte Beispiel, wie schwierig es ist, Verhaltensauffälligkeiten richtig zu erkennen und zu benennen.

Wie „verhaltensauffällig" ist ein sozial unsicheres Kind, das LehrerInnen, MitschülerInnen, ja sogar Eltern und Verwandten erst dadurch wirklich „auffällt", dass es seinem Leben ein Ende setzt?

Insgesamt erscheint es günstiger, von unerwünschtem Verhalten zu sprechen oder von Störungen in der Kommunikation, und in diesem Buch soll es weniger darum gehen, Verhaltensauffälligkeiten zu erklären, als vielmehr darum, das Verhalten des Kindes und die Reaktionen der Lehr- und Erziehungsperson besser verstehen zu lernen und vorbeugende Maßnahmen zu treffen, die die Wahrscheinlichkeit verringern, dass sich Lehrpersonen, Erziehungspersonen, aber auch Kinder überhaupt gestört fühlen könnten.

Recht gut scheint mir die Tabelle auf S. 9 f. zu veranschaulichen, wie schwierig es ist, in jeder Situation tatsächlich zu unterscheiden, welches Verhalten nun das auffälligere ist, das des Kindes oder jenes des Lehrers. Die Tabelle will einen Überblick über die vier Ziele unerwünschten Verhaltens geben:

> Ab diesem Zeitpunkt sei also für die Begriffsverwendung in diesem Buch festgehalten, dass die Bezeichnung „verhaltensauffällig" dann gelten möge, wenn jemandem das Verhalten eines anderen als „unerwünschtes Verhalten" auffällt.

Die Verantwortung für Verhaltensauffälligkeiten verteilt sich demnach auf alle Beteiligten einer sozialen Interaktion. In der Schule wie auch in der Familie tragen ja alle TeilnehmerInnen miteinander dazu bei, wie sich jeder verhält, welche Verhaltensweisen beim Einzelnen zum Vorschein kommen. Für besonders problematisch halte ich aber auch die leichtfertige Zuschreibung einer „Verhaltensstörung", da damit zumeist eine Persönlichkeitsstörung impliziert wird. Wie komplex und diffizil diese Definitionsproblematik sein kann, werden wir im Kapitel über Diagnoseprobleme noch etwas ausführlicher diskutieren.

> Hier sei nur so viel festgehalten, dass es ein Wesensmerkmal jenes Modells der Verhaltensänderung ist, das den praktischen Beispielen in diesem Buch zugrunde liegt, keine Schuldzuschreibungen bzw. wenn möglich keine Klassifizierungen von Störungen vorzunehmen.

Aus meinen praktischen Erfahrungen im Umgang mit Situationen in der Schule wie auch in Familien, in denen Verhalten für Beteiligte auffällig geworden ist, weiß ich, dass in den meisten Fällen die Schuld jenem Sündenbock am leichtesten zugeschoben wird, der das schwächste Glied im System darstellt und sich gegen Zuschreibungen am schlechtesten wehren kann. Wenn es in den theoretischen und vor allem praktischen Abschnitten dieses Buches darum gehen soll, Verhaltensauffälligkeiten besser zu verstehen, so erscheint es sinnvoll, eine Richtlinie festzulegen,

— ◆ Verhaltensauffällig – was tun? ◆ —

Die vier Ziele unerwünschten gestörten Verhaltens

Das Gemeinschaftsgefühl nimmt ab ⟶ Die Entmutigung nimmt zu.

nützliches Verhalten		unnützliches Verhalten		
aktiv-konstruktiv	passiv-konstruktiv	aktiv-destruktiv	passiv-destruktiv	Ziele
Erfolg, Musterkind, Liebling des Lehrers, sehr fleißig, handelt wegen des Lobes und der Beachtung.	Charme, „Klette", eitel, schmeichelt, empfindlich.	Unfug, angeben, aufdringlich, Störenfried, frech.	Faulheit, scheu, abhängig, ängstlich, unordentlich, Konzentrationsmangel.	1 Aufmerksamkeit.
Die häufigste Entwicklung zum Negativen hin führt vom aktiv-konstruktiven Verhalten bei Ziel 1 über aktiv-destruktives bei Ziel 2 zu aktiv-destruktivem bei Ziel 3 (Linie a). Eine weitere häufige Entwicklung führt vom passiv-konstruktiven Verhalten über passiv-destruktives bei Ziel 1 zu Ziel 4 (Linie b). Manchmal fällt ein Kind auch von passiv-konstruktivem Verhalten bei Ziel 1 direkt in passiv-destruktives Verhalten bei Ziel 4 (Linie c). Die Entwicklung zum Positiven verläuft nicht unbedingt in umgekehrter Reihenfolge.		„Rebell", streitet, widerspricht, Wutausbrüche, lügt, dickköpfig.	Sturheit, vergesslich, Tagträumer, trödelt, faulenzt.	2 Überlegenheit.
		Boshaftigkeit, Verachtung, stiehlt, unverschämt, roh.	verbissene Passivität, störrisch, undankbar, erfreut sich an Gewalt, arglistig.	3 Vergeltung.
			Hoffnungslosigkeit, teilnahmslos, gleichgültig, träge.	4 Unzulänglichkeit, Unfähigkeit.

(Tabelle auf S. 9 f. siehe Dreikurs, R., 1995: Disziplinprobleme, 8. Aufl., S. 26 f.)

Soziale Entmutigung.

Verhaltensauffällig – was tun?

Ziel	Verhalten des Kindes	Reaktionen des Lehrers
1. Aufmerksamkeit	Das Kind ist lästig, gibt an, ist faul, stellt andere in seinen Dienst, beschäftigt den Lehrer; denkt: „Ich habe nur dann meinen Platz, wenn man mich beachtet." Weint, ist charmant, ist übermäßig bemüht zu gefallen, ist übermäßig empfindlich.	Der Lehrer gibt übermäßige Aufmerksamkeit, ermahnt häufig, redet gut zu, fühlt sich belästigt, zeigt Mitleid; denkt: „Das Kind nimmt zu viel meiner Zeit in Anspruch." Fühlt Unwillen.
2. Macht	Das Kind ist stur, widerspricht häufig, muss gewinnen, muss der Boss sein, lügt häufig, ist ungehorsam; tut das Gegenteil von dem, was es soll; verweigert jede Arbeit; denkt: „Ich zähle nur, wenn andere tun, was ich will." Muss jede Situation kontrollieren.	Der Lehrer fühlt sich besiegt, fühlt sich in seiner Führungsrolle bedroht; ist besorgt, was andere von ihm denken; hat das Gefühl, das Kind zum Gehorsam zwingen zu müssen; wird ärgerlich; muss dem Kind zeigen, dass er die Leitung der Klasse hat; ist entschlossen, das Benehmen nicht durchgehen zu lassen.
3. Rache	Stiehlt, ist boshaft, gemein, verletzt Kinder und Tiere, ist destruktiv, lügt, schmollt häufig und beklagt sich über andere; glaubt, dass niemand es mag; möchte sich für Verletzungen rächen, die es glaubt, von anderen erhalten zu haben.	Fühlt sich verletzt, wird wütend, möchte auch verletzen, lehnt das Kind ab, hält das Kind für undankbar, möchte dem Kind eine Lektion wegen seines gemeinen Verhaltens erteilen; bittet die anderen Kinder, dieses Kind zu meiden; berichtet den Eltern des Kindes, in der Hoffnung, dass diese es bestrafen werden.
4. Unfähigkeit	Fühlt sich hilflos, fühlt sich dumm im Vergleich mit anderen, gibt auf und nimmt an keiner Aktivität teil; fühlt sich am wohlsten, wenn es in Ruhe gelassen wird und nichts von ihm gefordert wird; setzt sich selbst zu hohe Ziele und fängt nichts an, dessen Ergebnis nicht seinen hohen Anforderungen entsprechen wird.	Versucht verschiedene Wege, das Kind zu erreichen, und wird entmutigt, wenn er versagt; hört auf, weiter zu versuchen.

wie ein derartiges Verständnis leichter organisiert werden kann. Das Verständnis über Verhaltensauffälligkeiten anderer lässt sich durch folgende Maßnahmen zweifelsohne erleichtern:

1.2. Reden – aber handlungsorientiert

Das Reden über Ursachen kann vom Handeln abhalten!
Der Erziehungsraum Schule wie auch Familie kann besser genutzt werden!

„CATCH THEM AT BEING GOOD!"

Das Motto für alle Aktivitäten, die über das Reden hinausgehen, muss immer sein: „Catch them at being good!"
Dies gilt natürlich in erster Linie für die Kinder, von denen wir nun einmal annehmen, dass uns ihr Verhalten in der Schule oder in der Familie unangenehm auffällt. Doch auch die Rahmenbedingungen, und seien sie noch so schlecht, sollten in Bezug auf positive Nutzbarkeit stets untersucht werden. Dazu bedarf es einer aufrichtigen Lernbereitschaft auch der Erwachsenen.

1.3. Fragen stellen

Eine sehr einfache, aber zweifellos allgemein gültige Definition des Lernens lautet: Lernen = Verhaltensänderung.
Wenn also jeder Lernprozess dann als solcher bezeichnet werden kann, wenn Verhalten dabei geändert wird und wir es ehrlich mit den eigenen Lernabsichten als Erwachsene meinen, dann müssen wir uns immer wieder in Erinnerung rufen, dass wir nicht „die Wissenden", sondern auch nur Fragende sind. Doch wir haben die Möglichkeit, in Bezug auf Unklarheiten zielgerichtete und sinnvolle Fragen zu stellen. Einige der folgenden Fragen sollten immer gestellt werden, wenn Störungen auftreten:

> Wie könnten Räume erziehungsförderlicher gestaltet werden?
>
> Wie könnten Probleme Einzelner zu Problemen des Gesamtsystems, der Gruppe (Gesellschaft, Schule, Schulklasse, Familie, etc.) gemacht und die Problemlösung relevant für alle Beteiligten gemacht werden?
>
> Wie könnte statt „Dramatisierung" Deeskalation erreicht werden?
>
> Wie könnte die Situation „normalisiert" werden?
>
> Wie könnte man den Erwerb positiven sozialen Verhaltens zum Thema gemeinsamen Tuns machen, also in geplante gemeinsame Aktivitäten umsetzen (z. B. im Rahmen eines Projektunterrichts in der Schule oder gemeinsamer Familienaktivitäten)?
>
> Welche Vereinbarungen könnten ausgehandelt werden?
>
> Wie können Helfersysteme entwickelt werden?

1.4. Ringen um Kontinuität und Kreativität

Ein wichtiges Moment, um Verhaltensauffälligkeiten zu verstehen, ist eine kontinuierliche Auseinandersetzung mit dem „Problemkind".
Im Bereich der schulischen Erziehungsarbeit gehört dazu sicherlich der intensivere Ausbau schulpartnerschaftlicher Maßnahmen sowie die kontinuierliche Nutzung der Möglichkeit, schulbezogene Aktivitäten und Veranstaltungen durchzuführen. Für noch wichtiger halte ich aber eine Art „Patensystem", das nicht nur eine einmalige oder nur kurzzeitige „Expertenbetreuung", sondern vielmehr eine sehr persönliche, handlungsorientierte Betreuung beinhaltet, die auf kontinuierliche Kontakte zu Bezugspersonen und gut strukturierte, überprüf- und abrechenbare Handlungsprogramme aufgebaut ist.
Bei der Organisation kontinuierlicher Maßnahmen kann es gar nicht außergewöhnlich, fantasievoll und kreativ genug zugehen.
Im Bereich der familiären Maßnahmen gehört dazu sicherlich das Einführen regelmäßiger Gesprächssituationen. Da sogenannte verhaltensauffällige Kinder sehr häufig selbst in ihrer eigenen Familie isoliert sind, kann es beispielsweise sinnvoll sein, für eine Zeit „Gastfamilien" oder spezielle Betreuungspersonen zu finden, die *regelmäßig* Kontakt mit dem verhaltensauffälligen Kind und dessen Familie halten, um auch diese Maßnahmen einer Art nachträglicher (Selbst-)Kontrolle unterziehen zu können, vor allem aber um entsprechende Belohnungssysteme aufzubauen. Es könnte ferner sinnvoll sein, eine gewisse Zeit lang eine Art „Erziehungspass" nach dem Muster eines Mutter-Kind-Passes zu führen.
Auch einige andere der in diesem Buch gemachten Vorschläge werden auf ähnliche Art und Weise unkonventionell, vielleich sogar absurd erscheinen, und bei manchen könnten die LeserInnen an der Sinnhaftigkeit solcher Maßnahmen zweifeln. Doch die praktische Erfahrung zeigt immer wieder, dass besonders Kinder und Jugendliche durch überraschende, unerwartet neue, eben derartig unkonventionelle Maßnahmen oft am schnellsten bereit sind, ihr störendes Verhalten zu ändern.

1.5. Beobachten und differenziert handeln

Das Verhalten anderer überhaupt zuzulassen muss gelernt werden. In der Schule wie in der Familie muss eine verhaltensdifferenzierte Sicht mehr als bisher Platz greifen.
Die Kinder innerhalb eines Klassenverbandes, aber auch Geschwister innerhalb einer Familie haben nicht nur deutlich unterscheidbare kognitive Leistungsvoraussetzungen, sondern auch von ihrer Geburt an und bedingt durch ihre spezifische Lerngeschichte äußerst unterschiedliche Verhaltensdispositionen. (Vgl.: *Kret, E.*, Anders Lernen, 1993)
Diese Verschiedenheit zu antizipieren, ihre Wesensmerkmale gemeinsam zu erforschen und letztlich in passende Handlungsorientierungen als „Programm" umzusetzen, welches im besten Fall von allen Beteiligten erstellt wurde, ist eine weitere Hilfsmaßnahme, um mit Störungen adäquat umgehen zu lernen. Es soll hier nicht für eine Individualisierung und eine übertriebene Sicht einzelner Fälle plädiert werden, aber doch für eine höchstmögliche Flexibilität im Umgang mit „Störfaktoren" bei gleichzeitig höchstmöglicher Festigkeit in Grundfragen, die das Zusammenleben in einem sozialen Gefüge nun einmal verlangt.

1.6. Ganzkörperliche Sichtweisen und Handlungsmuster organisieren

Besonders in der Schule gilt es, eine ganzheitliche, ganzkörperliche Sicht des Lernprozesses zu entwickeln. Dazu sollten folgende Voraussetzungen organisiert werden: Erhebung der Schülerkooperationsfähigkeit, soziales Lernen, Helfersysteme und konsequente Maßnahmen, die Lernprozesse im Unterricht vor- und nachbereiten. Zusätzlich sollten didaktisch sinnvoll aufgebaute Lehrerfortbildungsmaßnahmen angeboten werden. Weiters erscheint es immer wieder wichtig, darauf hinzuweisen, dass auch die Elternschaft in zunehmendem Maße an professionellen Methoden des Lernens Interesse zeigt. Dies gilt ganz besonders für jene Methoden, die auch soziale Lernziele erreichen helfen. Ganzkörperliche Übungen, körperliche Balanceübungen, ja selbst systematische Beobachtungs- und Reflexionstechniken werden in Lehrerfortbildungsseminaren heute in gleicher Weise zu Recht von den TeilnehmerInnen eingefordert wie in Veranstaltungen und Gesprächen mit Eltern.

Der Weg zum Verständnis des Verhaltens anderer führt über das Verständnis des eigenen Verhaltens, das ebenfalls ein Produkt ganzkörperlicher Vorgänge, aber auch sozialer Lernerfahrungen ist! Verhalten anderer, das als störend erlebt wird, kann daher nur über eine „Umorganisation" körperlicher Disharmonien auch im Rahmen der sozialen Gemeinschaft gemeinsam erlebter und geplanter komplexer Lernprozesse verändert werden.

Unumgänglich bei jedem Versuch, Auffälligkeiten oder Störungen des Verhaltens in den Griff zu bekommen, ist daher eine möglichst ganzheitliche Betrachtungsweise dieses Verhaltens. Es ist also auf eine vielseitige, möglichst genau prüfende und vor allem niemals vorschnell beurteilende Beobachtung zu achten (Explorationsphase). In der Folge sind Handlungsmuster anzustreben, die auf einer stets umfassenden und differenzierten Sicht der Ursachen und Erscheinungsformen von Verhaltensstörungen basieren. Aus diesem Grund sollen die in diesem Buch vorgeschlagenen Anregungen niemals als endgültig „beglückende" Lösungsvorschläge, wohl aber als Tipps, Gedanken und Handlungen verstanden werden, die sich in einigen praktischen Situationen „glücklicherweise" als erfolgreiche Handlungsmuster bewährten. Nicht als „Lösungshandlungen", sondern als „Handlungsentwürfe" sollten diese aufgefasst werden.

2. Was dieses Buch (nicht) will (kann)

Was schon in den ersten Grundüberlegungen angeklungen ist, soll in diesem Kapitel noch verdeutlicht werden. LeserInnen erwarten sich von einem Buch, das zudem im Titel den Begriff „Arbeitshandbuch" trägt, Antworten und Fragen, wirksame Handlungsorientierungs-Impulse, ja vielleicht sogar *die* Lösungsidee zur Behebung des Leidensdruckes, der zweifellos sowohl für jene existiert, die sich durch das Verhalten anderer gestört fühlen, wie auch für jene, deren Verhalten anderen eben unangenehm auffällt.

Oberflächlich betrachtet, scheint diese „alles wieder gutmachende" Lösung nur in einer Verhaltensänderung der auffälligen oder gar störenden Person zu liegen. Änderte diese *ihr* Verhalten, sodass es den Vorstellungen der Mitmenschen, den kulturellen oder auch nur informellen Normen der Gesellschaft, einer Gruppe oder gelegentlich auch nur den Wünschen eines einzelnen Mitmenschen entspräche, so schiene das Problem mit dem Verhaltensauffälligen, das Gefühl des „Gestörtseins", gelöst. Der Gedanke ist daher geradezu verlockend, den richtigen Umgang mit Verhaltensauffälligen und Verhaltensgestörten nur im Sinne eines sozialen Lernprozesses organisieren zu müssen, in dessen Verlauf sich dann das auffällige und störende Verhalten verändern würde.

Der weitere nahe liegende Schluss ist, im Sinne der besten pädagogischen Traditionen, dass es den „Veränderern" (Eltern, ErzieherInnen) nur gelingen müsse, die wesentlichsten Auslöser des Fehlverhaltens zu erkennen, um dann, wenn schon nicht auf Knopfdruck, so doch im Rahmen eines hervorragend durchgestylten, sprich didaktisch und inhaltlich einwandfrei geplanten Programmes die entsprechende Verhaltensänderung herbeizuführen, welche ja im lerntheoretischen Sinne nichts anderes als das Ergebnis eines gelungenen sozialen Lernprozesses wäre. Dass Lernen die *Veränderung eines Verhaltens darstellt*, gilt selbstverständlich nicht nur für kognitive, sondern auch für alle sozialen Lernprozesse. Wir könnten also dann davon ausgehen, dass ein verhaltensauffälliger Mensch, wenn er
1. über alle Sinneskanäle Reize ... *wahrgenommen*,
2. diese mit Hilfe seines Gehirns ... *überdacht* und
3. die „Lektion" ... *behalten (sich gemerkt)* hätte,
4. schließlich dieses Wissen über angepasstes Sozialverhalten *anwenden* würde. (Vgl. *Kret, E.*, 1993)

Damit wäre das Problem der Störung von Mitmenschen für alle Betroffenen scheinbar gelöst und das einzig Auffällige am Auffälligen könnte demnach sogar sein, dass er gar niemandem mehr auffällt. Zu denken gibt, dass ein derartig „unauffällig-auffälliges" Verhalten übrigens fast immer jene Verhaltensauffälligen zeigen, die uns zumeist erst dann wirklich auffallen, wenn sie schon als schwer seelisch erkrankt eingeschätzt werden müssen, z. B. die so genannten „sozial unsicheren Kinder". Ich überlasse es gerne den LeserInnen, den gedanklichen Transfer zu analogen Fehleinschätzungen unter Erwachsenen herzustellen, wo es ja auch vorkommt, dass enge Nachbarn oder gar Verwandte erst nach dem Studium des Lokalteils einer Tageszeitung feststellen, dass Menschen offensichtlich stark verhaltensgestört gewesen sein mussten, die, als ruhige BürgerInnen bekannt, plötzlich ihrem Leben ein Ende machten.

Das Ziel von Interventionsmaßnahmen gegenüber verhaltensauffälligen Personen oder solchen, die andere durch ihr Verhalten stören, sollte und kann meines Erachtens also nicht ein pädagogisches Programm sein, das von vornherein lösungsorientiert ist. Zu allen Zeiten gab es in der Menschheitsgeschichte wohl schon zu viele „Heilslehren", die nicht nur ganz fix im Benennen der Problemlage, sondern auch im Formulieren der „einzig möglichen Lösungen" für diese Probleme waren. Wer demnach erstens vorschnell versucht, Probleme und deren Ursachen festzulegen und dazu gleich die passenden Lösungswege vorzugeben sowie auch noch „ihre" einzigen Lösungen kategorisch einzufordern, verbaut sich nicht nur die Möglichkeit, verdeckte, unter Umständen aber zentrale Ursachen zu erkennen, sondern auch die Chance, im Rahmen eines gemeinsamen Erfahrungsprozesses selber aktiv TeilnehmerIn an einer Suche nach Lösungen sein zu können. Nicht die Problemdefinition und die darauf basierenden idealen Lösungen, sondern die Verbesserung der Exploration und Freude am Entwerfen realisierbarer, praktischer Handlungsideen werden den Inhalt dieses Buches ausmachen.

Wir müssen von Beginn an bei der Behandlung des Themas „Verhaltensschwierigkeiten" klarstellen, dass gerade im Umgang mit sogenannten verhaltensschwierigen Kindern und Jugendlichen, aber auch Erwachsenen der *Störfaktor Nummer eins* die *subjektive Sichtweise* der Menschen, d. h. das subjektive Verständnis eines gewissen Sachverhaltes ist.

2.1. Lernen – ein wertneutraler Prozess

Wir haben schon festgestellt:
Lernen bedeutet, Verhalten verändern.
Deshalb ist Lernen aber noch lange nicht von vornherein als ein grundsätzlich positiver Prozess anzusehen. Folgende Beispiele mögen dies verdeutlichen:

◆ Ein Kind, das große Schwierigkeiten mit der Rechtschreibung hat, jedoch eine hervorragende Erzählkraft und größte Freude am Lesen, lernt in der höheren Schule, seine Aufsätze mit nur jenen tausend Wörtern zu schreiben, die es fehlerlos beherrscht, damit es dem Deutschlehrer ja nicht negativ auffällt.

Ist der störungs- und konfliktvermeidende Ertrag dieses Lernprozesses wirklich anstrebenswert?

◆ Eine jugendliche Person wird aufgrund der in der Pubertät oft äußerst divergierenden Wachstumsentwicklung zum auffälligen Menschen in der Familie oder in der Schule. Sie neigt zu verbal-aggressivem oder körperlich-aggressivem Verhalten, zeigt Abkapselungstendenzen oder verfällt in verstärkt antriebslose Verhaltensweisen.

Sollte dieser junge Mensch durch opportunistisch angepasstes Verhalten in der Peergruppe, der Schule oder dem Elternhaus eher so tun, als ob er gar keine Probleme damit hätte, plötzlich zwei Köpfe größer oder kleiner als die Freundinnen und Freunde zu sein?

Unterschiede im körperlichen Reifungsniveau bei Gleichaltrigen: Alle drei weiblichen Jugendlichen sind 12 3/4 Jahre alt, alle männlichen Jugendlichen sind 14 3/4 Jahre alt, aber sie befinden sich in verschiedenen Phasen körperlicher Entwicklung, nämlich vor, während und nach der Geschlechtsreife. (Nach Tanner, 1980; zit. nach Lerner und Spanier, 1980, S. 205)

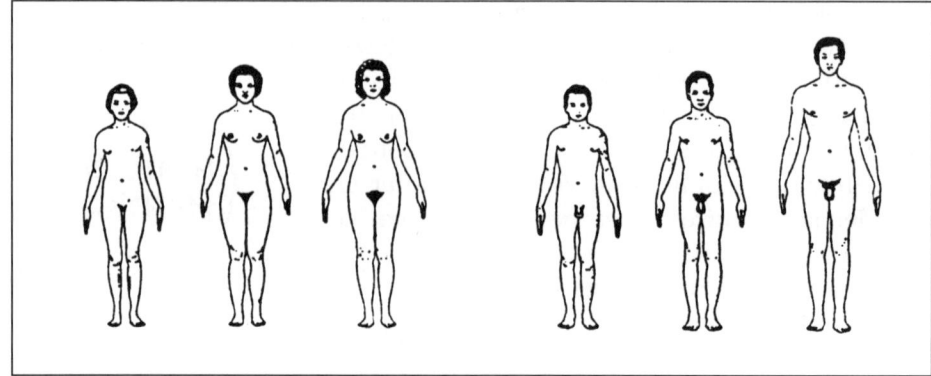

Und schließlich, um noch ein letztes Beispiel aus der frühesten Kindheit zu bringen, folgende Situation:

◆ Ein etwa 3-jähriges Kind kommt nach dem Besuch des Kindergartens eines Tages nach Hause und nennt im Zuge einer Auseinandersetzung den Vater eine „blöde Sau". Sofern das Kind bis dahin jenes Schimpfwort noch niemals verwendet hat, muss wohl angenommen werden, dass dieses Kind das Schimpfwort im Kindergarten gelernt hat. Obwohl das Kind dort sicherlich viele positive Lernprozesse machen konnte, lernte es auch weniger Positives und veränderte sein Verhalten als Ergebnis dieser Lernprozesse im speziellen Fall auch zum Negativen.

2.2. Zur Fragwürdigkeit des „Normalen"

Viele LeserInnen werden nun sagen: Gut, aber es gibt ja schließlich Werte und Normen, die einen Sinn haben, die sich in vielen Jahrtausenden Menschheitsgeschichte als sinnvoll erwiesen und als Regel für unser Zusammenleben bewährt haben.

Wenn es allerdings um die äußerst komplexe Frage geht, wer nun eigentlich als verhaltensauffällig oder gestört gelten mag – wem man also jenes eingangs erwähnte Erziehungsprogramm, abzielend auf jene zweifelsfrei meist sehr subjektiven Kriterien unterliegenden Normen und Werte angedeihen lassen sollte –, dann muss natürlich auch eine grundsätzliche Frage gestellt werden dürfen, und zwar die Frage, wie sinnvoll die hier angesprochenen Werte und Normen eigentlich sind. Hinzu kommt noch die Frage nach der Glaubwürdigkeit jener, die diese Werte und Normen immer wieder einfordern.

Für Kinder gilt: „Du sollst nicht lügen!", aber wie steht es mit den Lügen der Eltern, der LehrerInnen, des Präsidenten, des Papstes, …?

Und es gibt, wie wir alle wissen, viele dieser selten vorgelebten, aber dafür umso heftiger eingeforderten Regeln und Normen, wie z. B.: „Du sollst nicht töten!", „Du sollst nicht …!" u. v. m.

Aus täglicher Erfahrung im Umgang mit verhaltensauffällig gewordenen Kindern und solchen, die zweifellos auch imstande sind, Mitmenschen durch ihr Verhalten so zu stören, dass diese fast verzweifeln, gilt es zu berichten, dass es gerade unter diesen Kindern und Jugendlichen nicht wenige gibt, die mehr als berechtigte Fragen nach Sinn, Richtigkeit und Glaubwürdigkeit vieler für die sogenannten „normalen Menschen" wichtigen, richtigen und daher unanzweifelbaren Werte und Normen stellen.

Einige ausgewählte Beispiele für derartig fragwürdige Inhalte des kognitiven und sozialen schulischen Lernens seien hier angeführt: Da ist einmal die Tatsache,

♦ dass kleinste Kinder schon kleine als „große" und große als „kleine" Buchstaben verstehen sollen (kleines f und großes F).

♦ dass Elementarschüler schon beim Zählen Umstellungsfehler trainieren (zweihundertdreiundfünfzig $2\ 3\ 5$) oder in 10er-Mengen rechnen sollen, selbst wenn diese Mengengröße ihr Mengenverständnis weit überschreitet, während man selbst im Hightech vorwiegend duale Systeme verwendet.

♦ dass französische Erstklässler gar schon beim Zählen Rechenoperationen in zwei Schritten zumindest aufsagen müssen: „98" heißt bei den Franzosen „quatrevingtdishuite", und das bedeutet übersetzt: „4 mal 20 plus 19".

♦ dass die Germanisten sogar den speziellen Fachausdruck „Dehnungsgraphem" für das ehemals stumme h verwenden und ein „langes" und ein „kurzes" „i" unterscheiden, obwohl natürlich nicht einmal mit genauesten physikalischen Instrumentarien der geringste Unterschied zu messen ist, wenn man etwa die Wörter „wir"," hier", „mir", „Zieh!", „Ski", „Knie", „Flieh!", etc. auf ein Tonband spricht – alle diese „i"-, „ie"-, „ih"- bzw. „ieh"-Laute klingen gleich lang –, keine Rede von Dehnung also.

♦ dass wir ja erst kürzlich eine neue Rechtschreibreform beschert bekamen, nach welcher „zusammenschreiben" eben zusammengeschrieben und „getrennt schreiben" eben getrennt geschrieben wird, was sogar den Kollegen *Fröhler*, einen Experten der deutschen Rechtschreibung, zur Klammeranmerkung (kein Witz!) veranlasste. (Vgl. *Fröhler, H., 1996, Spezialwörterbuch zur Rechtschreibreform*, S. 130)

- dass überhaupt unser gesamtes schulisches Lehranliegen, von der inhaltlichen wie auch methodischen Gestaltung her, eher einzelheitlich denkende Menschen gegenüber ganzheitlich denkenden bevorzugt.
- dass zeit- und raumstrukturelle sowie andere lernorganisatorische Bedingungen des Lernens in der Schule vielen Erkenntnissen lern- und gedächtnispsychologischer oder auch gruppensoziologischer Forschung widersprechen und so bessere Lernerträge verhindern, wir aber andererseits in unserem Lande jährlich bis zu drei Milliarden Schilling für Nachhilfestunden ausgeben. (Vgl. *Kret, E.*, 1993)
- dass schon vor mehr als 200 Jahren ein gewisser *Johann Heinrich Pestalozzi* die Art der Beurteilung von Kindern im Rahmen eines schulischen Lernprozesses folgendermaßen kommentierte: „Ich vergleiche nie ein Kind mit einem anderen, sondern nur jedes Kind mit ihm selbst."

- dass ferner zum selben Thema ein gewisser Herr *Hartmut von Hentig* folgenden, noch schärfer formulierten Satz äußerte: „Der größte Skandal und eine für alle pädagogische Reformen tödliche Bedingung ist die Beibehaltung des Notenbeurteilungssystems – wider alle wissenschaftlich erhärtete Erkenntnis der Zukunft." (Vgl. Zentrum für integrative Betreuung [Hrsg.], 1992, Leistungsbeurteilung in sozialintegrativen Klassen)

- dass, und damit möge diese unendlich fortsetzbare Aufzählung ein Ende finden, letztlich nicht einmal LehrerInnen, also Profis der Pädagogik, geschweige denn Eltern jemals im Leben ausreichend über die vielfältigen, oft komplex miteinander verwobenen Ursachendeterminanten für Verhaltensschwierigkeiten informiert wurden, ganz zu schweigen von der mit Nachdruck zu vermittelnden Grunderkenntnis, dass es keine auch noch so qualifizierten Experten gibt, die derartige Schwierigkeiten auf Knopfdruck beheben könnten.

2.3. Was tun? – Schlussfolgerungen

Was dieses Buch erstens nicht will und nicht kann, ist daher:

> Verhaltensauffälligkeiten oder Verhaltensstörungen zu diagnostizieren in dem Sinne, dass sie in Form einer Festlegung mit einem Namen versehen werden sollten.

Es gibt dazu viele Überlegungen, ja sogar Theorien und Systeme. Entsprechende Druckwerke sind der Literaturliste zu entnehmen. Doch derartige Kategorisierungen, Definitionen und Einteilungen waren auch im alltäglichen praktischen Umgang mit Verhaltensstörungen meist wenig hilfreich.

Stattdessen erscheint es weit hilfreicher, die eigenen Sinne zu schärfen und Beobachtungsdaten möglichst vielfältiger Art und aus einer möglichst ganzheitlichen Sicht des verhaltensauffälligen Menschen und seines Umfeldes zu organisieren. Bei dieser *Exploration* gilt es, subjektive Sichtweisen, soziale Wahrnehmungsfehler und vorschnelle Interpretationen zu vermeiden. Dies gelingt erfahrungsgemäß durch folgende Prinzipien:

◆ Techniken der Beobachtungen, wenn schon, wenigstens aus mehreren subjektiven Blickwinkeln anwenden.

◆ Objektive Beobachtungsverfahren anwenden.

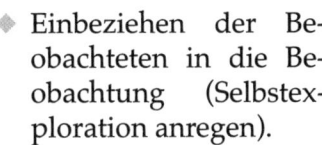

◆ Einbeziehen der Beobachteten in die Beobachtung (Selbstexploration anregen).

◆ Interdisziplinäre Zusammenschau mehrerer „Experten" statt nur eines, vielleicht noch so plausibel erscheinenden allgemeingültigen Urteils von Einzelexperten (Ärzten, Psychologen, LehrerInnen, Eltern, SchülerInnen, etc.).

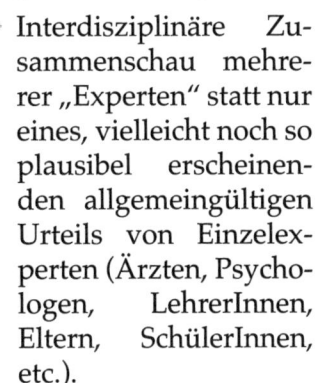

◆ Kontinuität der Exploration bei steter Neugier für möglicherweise völlig neue, von früheren Daten abweichende Beobachtungsergebnisse unter Anwendung leicht praktikabler Methoden der Datenspeicherung (Tagebücher, Protokolle,

Filme, Fotos, etc.). (Vgl. *Altrichter, H./Posch, P.,* 1990)

◆ Regelmäßige Organisation von Feedbackrunden, Supervisionen und anderen Formen von Zwischenreflexionen, deren Ergebnisse für alle von der Verhaltensauffälligkeit und Verhaltensstörung betroffenen Personen in angemessener Form transparent gemacht werden können.

Was dieses Buch zweitens nicht will und nicht kann:

> Verhaltensauffälligkeiten oder Störungen „per Knopfdruck" beheben, sozusagen für diese oder jene Störungen die genau passenden Lösungen anbieten.

Was dieses Buch (nicht) will (kann)

Wir haben an einigen Beispielen gesehen, dass viele Inhalte erziehlicher Anliegen, viele Inhalte von Schulfächern, ja sogar Inhalte unseres hochentwickelten kulturellen und gesellschaftlichen Lebens durchaus in Frage gestellt werden könnten. Wir haben auch auf die Gefahren hingewiesen, dass man bei allzu voreiliger Festlegung möglicher Lösungen für Probleme oftmals nur „soziale Kosmetik" betreibt und die Spätfolgen dieses Vorgehens möglicherweise sogar irreparable Katastrophen sein könnten.

Stattdessen sollten wir als Generallinie für den Umgang mit dem Wunsche, passende Handlungsorientierung zu finden, folgende Grundprinzipien festlegen:

- *Nicht Lösungen, sondern Handlungsentwürfe,* die für alle Beteiligten eine gewisse Zeit lang eben als Handlungsgrundlage dienen, sollten formuliert und festgelegt werden!

- Der *größtmögliche* Konsens aller von der Verhaltensauffälligkeit oder Verhaltensstörung betroffenen Menschen sollte die Grundlage für den Inhalt und die Gültigkeitsdauer sowie die Zielrichtung solcher Handlungsentwürfe sein!

- Neben der Entwicklung des Prinzips der *Freiwilligkeit* sollten die Prinzipien des *Lernens am Erfolg*, der *Förderung der Selbstständigkeit* (Selbstkontrolle), der *Vertrauensbildung*, der *Deeskalation* und letztlich der *Normalisierung* bei der Erstellung und Umsetzung sowie der *Ertragskontrolle* von Handlungsentwürfen beachtet werden!

- Natürlich sind bei einer derartig vorsichtigen Vorgangsweise im Bereich der Ursachenforschung wie dem Umgang mit Verhaltensschwierigkeiten viele *Störfaktoren* zu *berücksichtigen*. Es ist fast nie möglich, alle gleichzeitig ins Kalkül einzubeziehen, ja nicht einmal sinnvoll, hier alle aufzuzählen. In der Folge sollen allerdings die aus vielen praktischen Erfahrungen bekannten Probleme bei der Exploration und bei der Umsetzung von Maßnahmen der Intervention und Prävention angesprochen werden!

„SO NICHT!"

3. Einige Probleme und viele Chancen

Werden Handlungsorientierungen und -vorschläge auf Basis explorativer Daten als Maßnahmen der Intervention entworfen, müssen natürlich weit umfassendere und vielfältigere Aspekte beachtet werden, als wenn es um präventive Maßnahmen geht. Die Planung präventiver Maßnahmen, wie auch ihre Umsetzung lässt sich oft noch während eines Explorationsstadiums organisieren und kann künftige Interventionen eventuell von vornherein überflüssig machen, zumindest aber deren Umsetzung später erleichtern.

Die folgenden Kapitel, wie die meisten praktischen Vorschläge in diesem Buch, sind daher eher aus dem Blickwinkel beabsichtigter Vorbeugemaßnahmen (Prävention), denn aus dem gezielter Eingreifmaßnahmen (Intervention) zu verstehen. Dies liegt vor allem daran, dass in der Schule wie auch in der Familie die meisten erziehlich wirkenden Personen von plötzlich auftretenden Störungen derart überrascht und in der Folge überfordert sind, dass sie ähnlich einem Autofahrer reagieren, der noch nie einen Schleuderkurs besucht hat und unversehens auf einer Schneefahrbahn erstmals ins Schleudern gerät. Er über- bzw. untersteuert naturgemäß sein Fahrzeug, und tut dies möglicherweise noch bei gleichzeitiger Betätigung der Bremse oder des Gaspedals mit den bekannten Folgen.

Die Absicht dieses Buches ist es also, *nach der kurzen Behandlung der gravierendsten Probleme* (Kap. 3.1.) mit Verhaltensschwierigkeiten *möglichst viele Chancen zu erkennen* (Kap. 3.2.), die „das Schleudern" erst gar nicht allzu heftig werden lassen, *danach einige Grundregeln* zur Verbesserung der eigenen Handlungskompetenz *in Thesenform* (Kap. 4.) aufzustellen und *zuletzt* vor allem anhand praktisch erprobter *„Tricks" Vorschläge* (Kap. 5.) weiterzugeben, durch die Grenzsituationen von vornherein vermieden werden könnten.

3.1. Die Probleme

Wenn das Verhalten eines Menschen auffällig, ja sogar so auffällig wird, dass es Mitmenschen stört, ergeben sich für alle davon Betroffenen zumeist *drei Fragen*, die auch als die drei wichtigsten Problemfelder für den explorativen Umgang mit der Störung angesehen werden können. Selbst für die Handlungsorientierung, also die aus der Analyse der Beobachtungsdaten resultierende Planung von Maßnahmen, die Durchführung dieser Maßnahmen und die Bewertung des Erfolges dieser Interventionen oder Vorbeugemaßnahmen bleiben diese drei Fragen wichtig. Die Schwierigkeit, sie zu beantworten, ist bedingt durch die vielen Probleme, die von ihnen berührt werden.

- **Ursachenprobleme:** Was löst das auffällige oder störende Verhalten aus?
  Was löst bei den Betroffenen den Eindruck der Auffälligkeit oder der Störung aus?

- **Diagnoseprobleme:** Welcher Art ist die Auffälligkeit oder Störung, gemessen an Kriterien wie Entstehungsbedingung, Ausmaß, Erscheinungsform, etc.?
  Welcher Art ist die Betroffenheit und Beeinträchtigung durch die Auffälligkeit oder Störung?

- **Zeitproblem:** Welche Kriterien können für das Zeitausmaß (Dauer) der Entstehung, das Auftreten, aber auch das Ausbleiben der Verhaltensauffälligkeiten und -störungen gefunden werden?
  Welche Kriterien können für die Dauer der Belastbarkeit oder der möglichen Maßnahmen seitens der Betroffenen genannt werden?

Die Art der Fragestellung ist bewusst auch aus der Sicht der Betroffenen gewählt. Diese Vorgangsweise entspricht nicht der sonst in der Fachliteratur üblichen (vgl. z. B. *Ortner, A./*

Ortner, R., 1993) und bedarf daher einer kurzen Erklärung.

Schon aus den bisherigen Ausführungen wurde klar, dass sich die Existenz einer Auffälligkeit oder Störung des Verhaltens eines Menschen ja nur dann als gegeben annehmen lässt, wenn dieses Verhalten von den Mitmenschen als auffällig oder störend empfunden wird. Ein anderes Kriterium als genau dieser Sachverhalt erscheint dem Verfasser dieses Buches nach ausführlichem Studium unterschiedlichster, teils divergierender Theoriegebäude, die sich um eine Klassifizierung auffälligen bzw. störenden Verhaltens bemühen, nicht sinnvoll. Daher muss z. B. mit den üblicherweise nur von den Betroffenen einseitig festgelegten Ursachenkriterien gleichzeitig auch der Bereich jener Ursachen mitüberlegt werden, der die Betroffenen überhaupt dazu führt, sich beeinträchtigt zu fühlen. Dasselbe gilt natürlich für den Aspekt der Diagnose bzw. den zeitlichen Aspekt der Betroffenheit. Eine abgehobene Sicht, die sich ausschließlich auf das „Krankheitsbild" der „Auffälligen" und „Gestörten" richtet, erscheint gerade angesichts der Tatsache falsch, dass ja erst Gefühle der Betroffenheit und Beeinträchtigung die Feststellung des Vorliegens einer Auffälligkeit oder Störung rechtfertigen.

Die Grippeerkrankung eines Patienten ist auch diagnostizierbar unabhängig davon, wie sehr der behandelnde Arzt von der Grippe des Patienten betroffen ist bzw. sich beeinträchtigt fühlt. Bei auffälligem oder gar störendem Verhalten ist dies leider nicht der Fall. Zumeist sind die Ursachensuche, das Diagnoseergebnis und der Umgang mit dem Zeitproblem, trotz aller Bemühungen um Distanz, sehr stark von den Gründen und der Art und Weise des Betroffenseins der „Analytiker" und „Diagnostiker" geprägt.

Die Probleme, die sich aus dieser mehrdimensionalen Sicht bei der Suche nach Ursachen oder bei der Diagnose ergeben, werden in der Folge sozusagen aus mindestens zwei Perspektiven betrachtet, verdoppelt oder vervielfacht, und die Ursachensuche wird dadurch natürlich auch noch komplexer.

Auf einige ausgewählte Systematisierungen der Ursachenproblematik soll nun in kurzer und weitestgehend unkommentierter Form eingegangen werden. Die Hauptabsicht ist dabei, unser Problembewusstsein zu fördern, nicht aber durch Aufzählungen und ausführliche Erörterungen möglicher Kritikpunkte zu verunsichern. Noch wichtiger aber wird das Erkennen jener Chancen sein, die eine positive Einstellung gegenüber allen Problemen mit sich bringen könnten. Ausdrücklich sei darum hier noch einmal auf folgenden Grundsatz hingewiesen:

Catch them at being good!

Übertragen auf den Wunsch, besser mit Verhaltensschwierigkeiten umgehen zu können, heißt das:

◆ Suche vor allem das Positive, das die verhaltensauffällige Person an sich hat!

◆ Suche das Positive, das selbst eine Störung, ein Konflikt für alle Beteiligten in sich trägt!

◆ Suche nach Möglichkeiten, den Umgang mit Verhaltensauffälligen oder gar Gestörten im Sinne eines Erfolgserlebnisses für alle Beteiligten als etwas Positives, Angenehmes, Spannendes, vielleicht sogar Fröhliches erlebbar machen zu können!

3.1.1. Vielfalt der Ursachen

Im Folgenden soll die Schwierigkeit der Klärung der Ursachenfrage anhand dreier Versuche einer Systematisierung dargestellt werden.
Einige Autoren unterteilen die Ursachen für Verhaltens- und auch Lernschwierigkeiten in die beiden Komplexe der *endogenen* und *exogenen* Ursachen. (Vgl. u. a. Ortner, A./Ortner, R., 1993)
Da sich „aufgrund der engen Wechselwirkung zwischen physischen und psychischen Persönlichkeitsbedingungen des Menschen, die zusätzlich in Abhängigkeit bzw. unter Beeinflussung geistig-kognitiver und voluntativer Prozesse stehen, bei jeweils spezifischen Verhaltens- und Lernschwierigkeiten meist ein individuell geprägtes und daher recht differenziert zu erforschendes Geflecht verschieden entstandener und verschieden zu gewichtender Teilursachen ergibt", werden die beiden Ursachenkomplexe von diesen Autoren wiederum in weitere Aspekte unterteilt:

3.1.1.1. Komplex endogener und exogener Ursachen

„Mit ‚endogen' werden diejenigen Ursachen bezeichnet, die primär in der Person des Menschen selbst liegen. Dazu zählen Ursachen, die (unabhängig von der Art ihres Entstehens) als hirnorganische oder sonstige bereits fixierte Mangelzustände angesehen werden müssen *[Vgl. Schenk-Danzinger, L., 1976]*. Solche Behinderungen körperlicher, psychischer und geistiger Art werden von der Medizin hauptsächlich auf drei Störungsbereiche zurückgeführt *[Vgl. Werner, Gl, 1973]*. Diese können chromosomal bedingt, praenatal entstanden oder auf peri- bzw. postnatale Vorkommnisse zurückzuführen sein.
… Mit ‚exogen' werden diejenigen Faktoren bezeichnet, die von der Außenwelt (vorwiegend mitmenschlicher Umwelt) her auf das Kind einwirken. Schenk-Danzinger hält exogene Störungen in erster Linie für das Resultat von Lebensumständen, in denen es dem Kind an einer ausreichenden Befriedigung seelischer Grundbedürfnisse mangelt *[Vgl. Schenk-Danzinger, L., 1976]*."
(Ortner A./Ortner R., Handbuch Verhaltens- und Lernschwierigkeiten, 1997, S. 6 und 9)

3.1.1.2. Erscheinungsformen von Verhaltensstörungen nach vier Ursachenfeldern

Die folgende Klassifikation mag, wie die vorhergehende, zur Anschaulichkeit beitragen und einen besseren Überblick bieten, obwohl sich in diesem Zusammenhang die schon mehrfach angesprochene Frage erhebt, ob derartige Systematisierungen von wirklich großem Nutzen sind, insbesondere dann, wenn man davon ausgeht, dass Verhaltensstörungen niemals isoliert von sozialen Prozessen betrachtet werden können.

Erstes Ursachenfeld
Störungen im sozialen Bereich, wie z. B.:

Unverträglichkeit, Feindseligkeit, Streitsucht, Zerstörungsneigung, jähzorniges Verhalten, Schlägertum, Schuleschwänzen, Fortlaufen, Umhertreiben, auffallende Geltungssucht, Clownerie, Prahlerei, Hochstapelei, Mangel an sozialem Kontakt, autistisches Verhalten, Übergefügigkeit, Tierquälerei, Diebereien, Betrügereien, Fälschen, Lügen, etc.

Zweites Ursachenfeld
Störungen im Bereich des Lernens und Leistens, wie z. B.:

Aufmerksamkeitsstörungen, allgemeine Lernunlust, mangelndes Aufgabenbewusstsein, geringe Ausdauer, Zerstreutheit, gehäuftes Auftreten von Fehlleistungen, Auffassungs- und Verarbeitungsschwierigkeiten, erhöhte Störbarkeit durch Affekte, mangelnde Sorgfalt und mangelnde Gewissenhaftigkeit, etc.

Drittes Ursachenfeld
Störungen im personalen Bereich, wie z. B.:

Ohnmachtsgebaren, gesteigerte Empfindlichkeit, Unbeherrschtheit, Launenhaftigkeit, Fahrigkeit, gesteigertes Abwechslungsbedürfnis, Anzeichen von emotioneller Bindungsschwäche, Neigung zu Depressionen, Ängstlichkeit, Schwerfälligkeit, geringe Ansprechbarkeit des Gemütes, Tagträumereien, Zwangshandlungen, etc.

Viertes Ursachenfeld
Störungen im körperlichen Bereich, wie z. B.:

Funktionsstörungen der Körpersprache, Kopfschmerzen, Herzsensationen, motorische Unruhe, Schlafstörungen, Tics, Sprechstörungen, Selbststimulationen wie Nägelbeißen u. Ä. sowie Verhaltensauffälligkeiten als Folge körperlicher Behinderungen und Beeinträchtigungen (Erblindung, Taubheit, Verkrüppelung, etc.)

3.1.1.3. Das Ursachenschema nach Sedlak

Zuletzt sei hier noch eine Einteilung referiert, die auf ein Handlungsmodell abgestimmt ist, das bei *Sedlak* als „Solidarisches Modell" bezeichnet wird und auf Basis des im Folgenden kurz dargestellten Ursachenmodells entwickelt wurde. Da das Ursachenmodell von *Sedlak* die Komponente der Rahmenbedingungen in besonders starkem Ausmaß berücksichtigt, möge es an dieser Stelle zur Stützung dieser These relativ ungekürzt eingefügt sein. Es erscheint recht sinnvoll, diese Möglichkeiten auch als eine Art Checkliste für Diagnose-, Beratungs- und Therapieansätze zu verwenden.

Sedlak gibt die folgenden Erklärungen für das Entstehen von Verhaltensauffälligkeiten an. (Vgl. Sedlak, F., 1992, S. 26)

Nicht die vielfach übertriebene Wühlerei im „Ursachendschungel" und die Suche nach Auslösern steht bei dieser Aufzählung möglicher Erklärungsansätze im Vordergrund, sondern die Erkenntnis, dass jedem Verhalten äußerst komplexe phylogenetische, also entwicklungsgeschichtliche, wie auch ontogenetische, also lebensgeschichtliche, sowie soziokulturelle Determinanten zugrunde liegen. Die exzessive Suche nach möglichen Auslösern für auffälliges oder störendes Verhalten, nach Ursachen dafür, warum dieses Verhalten von ganz bestimmten Leuten wiederum überhaupt als auffällig und störend erlebt wird, kann in der Praxis nur allzu leicht verhindern, dass es zu einem sinnvollen Umgang mit den existierenden Schwierigkeiten kommt.

Vereinfacht könnte gesagt werden: Die Ursachengrübelei unterbindet dann überhaupt einen sinnvollen Umgang mit den fortdauernd real existierenden, oft eskalierenden Schwierigkeiten und Konflikten.

Sedlak beginnt seine Einteilung der Ursachen mit einem Vergleich. Er zieht dabei Parallelen zwischen dem Persönlichkeitsaufbau und einem Gebäude, wobei er darauf verweist, dass sich auch bei einem „Hausbau" unterschiedliche Störungen ergeben können *(siehe Tabelle Seite 25)*.

Einige Probleme und viele Chancen

1	Das Haus ist zwar fertig gebaut, aber noch nicht optimal zu nutzen: Manche Räume stehen noch leer, andere könnten durch einige Veränderungen noch viel besser verwertet werden. Dies entspricht entwicklungs- und erziehungsbedingten Fehlkonditionierungen: Das vorhandene Verhaltensrepertoire ist unvollständig und teilweise nicht optimal.
2	Das Haus ist nicht fertig gebaut worden. Dies entspricht einem durch äußere und innere Ursachen bedingten Entwicklungsstillstand oder einem Verharren auf einer bestimmten Entwicklungsstufe. Das Verhalten ist relativ unreif und infantil.
3	Das Haus wurde schwer erschüttert oder großen Materialspannungen ausgesetzt. Es ist daher nicht voll belastbar. Dies entspricht einer durch Traumatisierung oder Konfliktspannung reduzierten, persönlichen Belastbarkeit. Das Verhalten wird ab einer relativ geringen Belastungsstufe inadäquat.
4	Das Baumaterial weist Mängel auf. Dadurch ist das Haus brüchig. Dies entspricht einem durch mangelhafte Zuwendung, Erziehungskonstanz usw. bewirkten Strukturmangel der Persönlichkeit. Das Verhalten zeigt nur einen relativ geringen Zusammenhalt und kann in einen relativ chaotischen Zustand „zerbrechen".

Eine solidarische Schulgemeinschaft kann Fehlkonditionierungen verändern helfen. Auch Entwicklungsstagnationen können zu einem gewissen Teil durch gegenseitige Förderung überwunden werden. Schwer bis unmöglich wird eine alleinige Hilfe durch die solidarische Gemeinschaft bei größeren Traumatisierungen, Konfliktspannungen bzw. Strukturmängeln. Hier ist zusätzliche heilpädagogische und psychotherapeutische Intensivbetreuung unumgänglich.

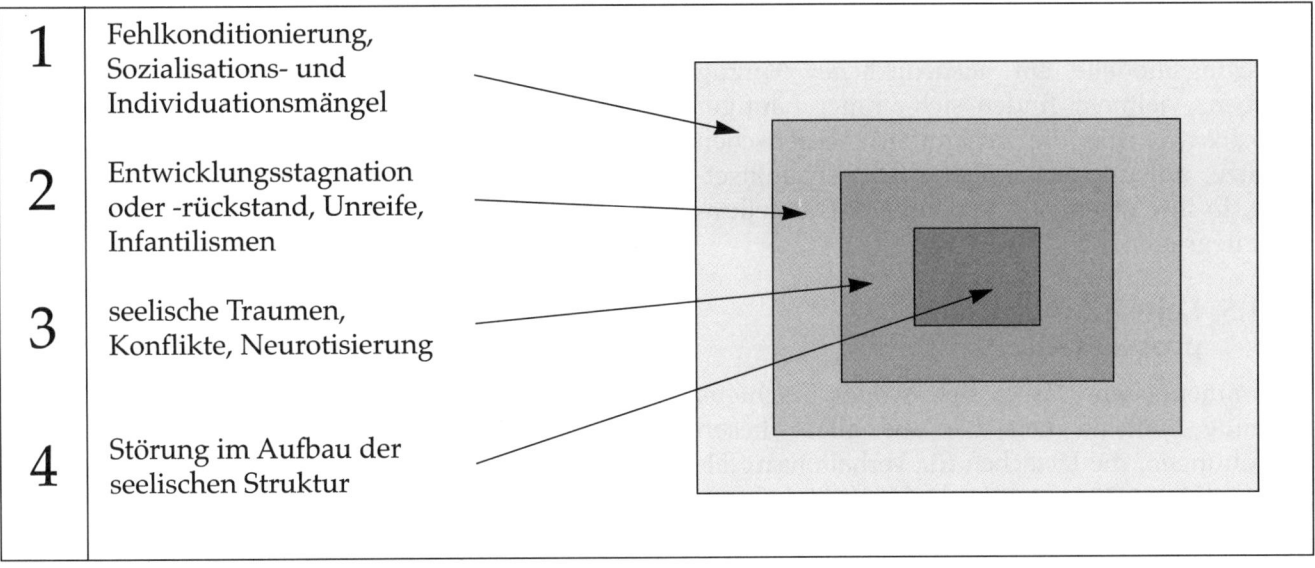

(Tabelle aus Sedlak [1992]) Je dichter die Problematik ist (zunehmende Verdichtung von 1 bis 4), desto notwendiger ist die individuelle therapeutische Hilfe. In den Bereichen 1 und 2 liegen die direkten Chancen des solidarischen Modells, wobei auch kompensatorisch indirekte Auswirkungen auf 3 und schwächer auf 4 möglich sind. (Man kann die Schüler und Schülerinnen einer Klasse in diesen Raster eintragen. Je mehr Kinder im Bereich 3 oder sogar 4 anzusiedeln sind, desto eher ist eine Überforderung der „rein pädagogischen" Möglichkeiten gegeben.)

3.1.1.4. Theoretische Erklärungsmodelle für Ursachen von Verhaltensschwierigkeiten

Bei vielen Autoren finden sich auch Bezüge zu Theorien, die als Erklärungsmodelle für die Einteilung der Ursachen von Verhaltensschwierigkeiten genutzt werden. Die zwei am häufigsten genannten Ansätze sind dabei *lerntheoretische und tiefenpsychologische Erklärungsmodelle.*

Nach den lerntheoretischen Erklärungsmodellen werden Verhaltensschwierigkeiten auf Lernprozesse zurückgeführt.
Demnach wird also auffälliges oder störendes Verhalten „am Modell",
durch „assoziative Verknüpfung" (Reiz-Reaktionsmuster),
oder „instrumentell", also „am Erfolg", gelernt.

Nach den tiefenpsychologischen Erklärungsmodellen werden Verhaltensschwierigkeiten auf Prozesse in den Bereichen des Unterbewussten bzw. Unbewussten zurückgeführt.

In der aktuellen Literatur wird keinem dieser Erklärungsmodelle ein ausdrücklicher Vorzug gegeben. Vielmehr finden sich immer häufiger Denkansätze, die die genannten theoretischen Ansätze, mit unterschiedlicher Schwerpunktsetzung, in ihre eigenen schematischen Darstellungen integrieren.

3.1.1.5. Leitsätze zur Ursachenproblematik

Zusammenfassend lassen sich meines Erachtens folgende einfache Leitsätze aus allen diesen Bemühungen, die Ursachen für Verhaltensauffälligkeiten und -störungen in den Griff zu bekommen, ableiten:

- ◆ Hüten wir uns vor voreiligen Ursachenzuschreibungen!

- ◆ Organisieren wir eine niemals endgültige, stets für neue Daten offene ganzheitliche Sicht der verhaltensauffälligen oder -gestörten Person bzw. des Störungsereignisses!

- ◆ Legen wir stets Wert auf eine positive Perspektive des gemeinsamen Handels, auch wenn noch viele Ursachenfragen ungeklärt bleiben!

3.1.2. Probleme der Diagnose

Die Diagnose kann, nach den im vorigen Kapitel festgehaltenen Schlussfolgerungen, stets nur ein Hilfsmittel zur Entwicklung sinnvoller Handlungsschritte im Umgang mit Verhaltensschwierigkeiten sein. Nie kann sie etwas endgültig absichern. Sie dient dazu, das Wesen, die Dynamik und mögliche Folgen vorhandener Auffälligkeiten und Störungen verständlicher zu machen, Eingrenzungen zu erleichtern und Aussagerelevanzen abzusichern. Sie sollte möglichst umfassend, interdisziplinär und kontinuierlich angelegt werden.

In einer Einzelbeobachtung mit einigen wenigen mit professionellen Mitteln durchgeführten Erhebungen – seien sie auch von ExpertInnen –, lassen sich kaum für die rasche Verbesserung des Leidensdruckes aller Beteiligten brauchbare Ergebnisse erzielen. ExpertInnen, die vorgeben, als Einzelpersonen in nur wenigen Stunden brauchbare Diagnostiken erstellen zu können, machen sich den Umgang mit Verhaltensstörungen ebenso leicht wie jene Betroffenen, die dies von seriösen ExpertInnen erwarten.

Die Diagnose muss, das liegt in der bisher schon ausführlich erörterten komplexen Natur des Phänomens, eigentlich immer unfertig bleiben und wird daher in ihrer Bedeutung, ebenso wie der Versuch, Ursachen rasch abzuklären, weit überschätzt.

Man kann immer wieder beobachten, dass die Angst vor dem praktischen Handeln und Unsicherheiten im Umgang mit den Verhaltensschwierigkeiten nicht selten dazu führen, dass mehr gegrübelt und diagnostiziert als gehandelt wird.

Wenn sich ein Mensch verliebt, kann er auch nicht wirklich von seinem Körper und von seiner Psyche verlangen, dieses Ereignis erst dann zuzulassen, wenn ihm alle Folgen und Begleiterscheinungen seines Verliebens völlig klar und kontrollierbar erscheinen. Er wird auch spontan handeln müssen, obwohl für ihn viele Fragen vor, während und selbst nach diesen Handlungen offen bleiben werden. Legt er allerdings Wert auf das Erleben, auf ein wie immer geartetes Erfolgserlebnis, so sollte er mehr auf der Handlungsebene als auf der Denk- und Sprachebene agieren. Noch so gute Argumente retten bekanntlich eine Liebe kaum, und noch so exakte und umfassende Diagnosen machen es nicht möglich, Störungen und Konflikte zwischen Menschen „in den Griff" zu bekommen. Dies geschieht dann schon eher dadurch, dass eine offene Sicht der Menschen zueinander organisiert wird und gemeinsames Handeln auf der Basis der Bereitschaft, am Mitmenschen immer wieder Neues, Überraschendes zu entdecken, stattfindet, wodurch erst eine echte Handlungsbereitschaft und das notwendige Engagement aller Betroffenen erreicht werden können.

Verhaltensauffälligkeiten und -störungen sind zudem, besonders bei Kindern, nur ganz selten etwas Unveränderbares, etwas Bleibendes. Dies ist aber nur ein weiteres Argument für den vorsichtigen Umgang mit Diagnosedaten. Letztere geben ja oft nur Auskunft über einen Zustand zu einem ganz bestimmten Zeitpunkt, stellen also eine Art Momentaufnahme dar und dürfen daher niemals als endgültig angesehen werden.

Welche Bereiche sollte nun eine Diagnostik umfassen, die zumindest zu einem besseren Verständnis der Verhaltensstörung beitragen könnte? Auf einzelne Beobachtungsverfahren oder Tests wird hier nicht genauer eingegangen. Trotzdem sei auf wichtige Bereiche hingewiesen, die eine ganzheitliche Sicht der betreffenden Person und ihres Verhaltens erleichtern können.

In meiner praktischen Tätigkeit als Klinischer und Gesundheitspsychologe bewährte sich eine Strukturierung der erhobenen Daten nach folgendem Raster, von dem das Beispiel eines auf Basis kontinuierlicher Explorationstätigkeit gestalteten Beobachtungsbogens dargeboten werden soll:

Siehe nachfolgende Tabelle Seite 28.

Name: Klasse: 1. HS   Stufe: 5. ASO   Schuljahre: 6

Verhaltensbeobachtung		Wann?	Anamnesen	Wer wurde wann befragt?
Defizite soziale	auch in der HS noch sehr anhängl. Bockt, wenn sich L. nicht ständig ihr/ihm zuwendet (sehr unselbstständig)	**Frühkindlich** Geburt	Letztgeborenes (normal). „... problemlos". „... halbwegs" rein mit ca. 3 Jahren.	Mutter
akademische	Hat vor allem im Bereich Lesen keine altersadäquate Leistung./ Kennt die Uhr teilweise noch nicht./ In M sehr schwach!	Nahrungsaufnahme Sauberkeit Schlafstörungen	„... sehr unruhig – Weinte oft auf!" „... war eigentlich ein eher passives Kleinkind"	Vater
sprachliche	Dysgrammatismus (seit HS leider keine Sprachheilbehandlung mehr).	Aktivitätsstörungen Selbstständigkeit	„...tat aber nichts ohne die Mutti." (teilweise Absenzen)	Großeltern
Aufmerksamkeit	Die gerichtete Aufmerksamkeit ist sehr schwach – sehr leicht ablenkbar –, gelegentlich Absenzen.	Ängste – Phobien Hemmungen	„... fürchtete sich vor Tieren, Dingen, größeren Spielsachen." „... weinte sehr oft!"	Erziehungsberechtigte
Hyperaktivität	Auch starke körperliche Unruhe bei Stillarbeiten	Kommunikation (Stottern, Mutismus)	„... sprach sehr lange in Einwortsätzen."	
Probleme der Ausscheidung		**Kindergarten** N		Kindergärtnerin
normverletzendes Verhalten	Verweigert, besonders bei zu starker kognitiver, aber auch körperlicher Beanspruchung (LÜ) die Mitarbeit und ist dann nur sehr schwer motivierbar.	S gelegentliches Einnässen Sch bei Eintritt in den Kinderg. (2 Monate lang) A arbeitete nur, wenn Kindergärtnerin mitmachte S geringe Eigenleistung/sehr antriebsschwach A Angst vor gewissen Tieren (Schlangen/Spinnen/Vögel) H K Sprachentwicklungsverzögerung		
Überschüsse aggressives Verhalten	Reagiert mit verbaler Aggr. auf Lehrpersonen und Mitschüler. Stört oft durch Kommentieren der eigenen und der Handlungen anderer.	**Schulzeit** N S Sch Kind schläft noch täglich bei der Mutter.		Klassenlehrer
störendes Verhalten	Weint sehr häufig (in der HS besser) aus Angst vor Versagen.	A Arbeitet nur, wenn L., Mutter oder ein anderes Kind mit ihr/ihm arbeitet. S Zieht sich häufig zurück, um Zuwendung zu erpressen.		Stützlehrer
excessive Vermeidung		A Weinkrämpfe aus Angst vor Versagen (still vor sich hinweinen) H K Dysgrammatismus stark ausgeprägt, spricht von sich selbst sehr negativ.		Direktor Sprachheillehrer
Selbst= stimulation	Kratzt sich bei Erregung intensiv – hat dann oft Flecken wie Mückenstiche.	**Bezugsperson** Geschwister Großeltern Freunde	MUTTER/Vater	
ungehorsames Verhalten	Versucht immer wieder, durch Verlassen des Klassenraumes Zuwendung zu erzwingen.	räumlich soziales Umfeld	sehr einfaches Arbeitermilieu, starke Überbehütung durch die Mutter (letztgeb. Kind)	
Maßnahmen Vorschläge	* Sitzball organisieren, regelmäßig gehirngymnastische Übungen, regelmäßig Übungen zur fok. Aufmerksamkeit. * Evtl. bewegungstherapeutische Übungen. * Selbstständigkeitsfördernde Unterrichtsformen besonders häufig anwenden. (Laufdiktate/Dosend./OU/FA)			

Beobachtungsbogen (gestaltet), Team Kret - Burger (1990/91), Bad Radkersburg, S. 1

SCHULE: HS-   (VS-   )   Klassenlehrer: SoPäd.:

Beobachtungen kognitiv – motorisch	von sensomotorisch	Grundleistungen fachbezogen		
WAHRNEHMUNG WANN?	TEILSTG.	M	D/L	ANDERE

WAHRNEHMUNG   WANN?

```
            Hören
             ⊖           EW = 2.75
Lesen ······◇······ Sehen
         ⊕    ⊖
           K ⊕
          Tasten
```

Übungen: Förderung besonders im Hörbereich, Training der selektiven A.
visuelle Aufmerksamkeitstests.
* Einsatz von Lehrmitteln, die möglichst alle Eingangskanäle ansprechen

HEMISPHÄRENDOMINANZ   WANN?

R		L
	Symmetrie	x
x	Augen / offen	
	Augen / geschl.	x
	Hand	x
	Muskel	x
	Blick	x

Übungen: Täglich mehrmals:
Stilleübungen
Sensibilisierungsübungen
Kreuzübungen

MOTORIK: WANN?

– bes. in d. Feinmotorik   (VS/HS) große Defizite
(Schneiden/Kleben/Lineal+B.)   Zittern
                    (i. d. HS verbessert)
Keilschriftübungen
Körpersensibilisierung
– viele unterschiedliche, Konzentration verbessernde Übungen gerichtete/ distributive/selektive A.- Sch.)

TEILSTG.

- Form-Grund-Differenzierung
- optische Differenzierung
- optische Gliederung
- akustische Gliederung
- intermodale Kodierung
- optische Speicherung
- akustische Speicherung
- Serialität
- Raumorientierung

Grundleistungen

In der VS:
– Buchstabenverwechslung,
– Mengenauffassung sehr schwach,
– beim Lesen/Rechnen/Schreiben große Serialitätsprobleme,
– Umsetzung von Druck- in Schreibschr. und umgekehrt,
– Orientierung auch in kleinen Zahlenräumen geht sehr langsam/schlecht,
– lässt beim Abschreiben Buchstaben aus,
– kann rein verbale Anweisungen kaum befolgen.

In der HS:
* Gesetzmäßigkeiten einfachster Art werden kaum behalten.
* Mengenauffassungs- und damit Zahlenraumorientierungsprobleme wenig verbessert ... math. Operationen nur mit viel Hilfe und Anschauung (auch mechan. Rechnen).
* Nach wie vor Probleme mit zeitlichen und räumlichen Orientierungsaufgaben (auch R/L).
* Im Sprachbereich, mit Ausnahme des Lesens, tüchtige Fortschritte.
* Leichte Verbesserung der Arbeitshaltung und Selbstständigkeit, besonders beim Einsatz alternativer Unterrichtsformen.
* Konzentration bei kognitiven Aufgabenstellungen noch immer s. schlecht.

Spiele für Kinder mit Teilleistungsschwächen („Spiel mit uns!", Hofmann/J+V).
„Konzentration kinderleicht", div. Arbeitsblätter (Sindelar).
Anschauliches und handlungsorientiertes Material zur Mengenerfassung und Darstellung.
Mathematische Operationen ... diverse Lesespiele (Leserätsel/Detektivlesen/etc.) zur Steigerung der sehr schwachen Lesemotivation und Verbesserung der Lesefertigkeit ... Rollenspiele zur Verb. d. sinnerf. L.

Ebenda, S. 2

Zuletzt sei auf zusätzliche, im Literaturverzeichnis angegebene Fachliteratur zum weiten Feld der Diagnostik hingewiesen. Eine systematische Darstellung findet sich z. B. bei *Ledl, V.*, 1995; *Ortner, A. u. R.*, 1993; u. v. a.

Natürlich werden die LeserInnen auch im praktischen Teil dieses Buches gelegentlich auf Methoden des Umganges mit verhaltensauffälligen Kindern stoßen, die von gewissem diagnostischem Wert sind. Eine ausdrückliche Zusammenfassung solcher Methoden in einem Kapitel ist allerdings nicht vorgesehen.

3.1.2.1. Allgemeine Empfehlungen

Bedenken Sie, dass Sie selbst das beobachtete Verhalten des Kindes mitbestimmen.

Versuchen Sie, so objektiv wie möglich zu beobachten, diagnostische Informationen im weiteren Verlauf der Beobachtung zu überprüfen.

Wehren Sie sich gegen die Versuchung, Ihre Beobachtungsfähigkeit nur nach Erwartungen, Annahmen, Hypothesen auszuwählen.

Lassen Sie sich nicht nach vorgefassten Urteilen und Kategorisierungen bei der Erfassung diagnostischer Daten beeinflussen.

Trennen Sie gedanklich Beobachtetes von Interpretationen, Erklärungen des Verhaltens, um nicht zu voreiligen Schlüssen zu kommen.

Seien Sie sich ständig bewusst, dass Verhalten verschiedene psychische Ursachen haben kann und psychische Veranlassungsgründe verschiedene Äußerungen zeigen können.

3.1.3. Das Zeitproblem

Warum der Problembereich Zeit an dieser Stelle als Schwerpunkt besprochen wird, lässt sich aus praktischer Sicht im Umgang mit Verhaltens-

schwierigkeiten besonders einfach erklären. Wenn nämlich das Verhalten eines Kindes für dessen Eltern oder LehrerInnen einmal auffällig oder gar störend geworden ist, stellen sich alle Betroffenen rasch folgende Fragen:
Wann habe ich etwas in meiner Erziehung falsch gemacht?
Wie lange wird das mich störende Verhalten noch andauern?
Woher soll ich die Zeit für die notwendigen Veränderungsmaßnahmen nehmen?
Wie lange wird meine Geduld im Umgang mit der Störung noch anhalten?
Wann werde ich sichtbare Erfolge haben?
Wie lange wird das Erfolgserlebnis andauern?
Diese und ähnliche Fragen weisen schon deutlich darauf hin, dass, wann immer Verhalten anderer als Problem erlebt wird, der Faktor Zeit zu einem der bestimmenden Faktoren wird. Besonders die Maßnahmen zur Verbesserung der Befindlichkeit aller Betroffenen verlangen den richtigen Umgang mit der Zeit, wobei die wichtigste Erfahrung aus der Praxis in folgendem Merksatz zusammengefasst werden könnte:

Sich regelmäßig Zeit nehmen, um Zeit zu gewinnen!

Einmalige, auch ausgedehntere Interventionen bewirken jedenfalls weniger als mit viel Geduld und Konsequenz *regelmäßig* durchgeführte Maßnahmen. Dies ist auch ein Grund dafür, warum gerade für verhaltensbedingte Störungen des Unterrichts, aber auch des Familienlebens ein weiterer Merksatz von größter Bedeutung ist:

Vorbeugen ist tausendmal leichter als heilen!

Wer sich seinem Kinde in kritischen Entwicklungsphasen oder bereits bei den ersten Anzeichen von Verhaltensschwierigkeiten *täglich*, vielleicht auch nur eine halbe Stunde beim Frühstück, Mittagessen oder vor der Bettruhe als *aktiver Zuhörer* zuwendet, kann schon sehr, sehr viel „abfangen". Neben der Tatsache, dass Erwachsene allerdings zumeist erst lernen müssen, aktive Zuhörer zu sein – einige Übungen im Praxisteil des Buches werden dazu Gelegenheit geben –, neigen diese leider auch eher zur zeitlich massierten Zuwendung, an Wochenenden, in den Ferien usw. und nützen natürliche Begegnungszeiten wie die Essenszeiten, Unterrichtspausen, etc. viel zu wenig, um präventiv deeskalierende und normalisierende kommunikative Maßnahmen zu setzen.

3.1.3.1. Zeitliche Realität

Dieser Fehler im Umgang mit der meist ohnehin knapp bemessenen Zeit für die Kinder und Jugendlichen in ihren Familien ist, realistisch gesehen, nicht leicht in den Griff zu bekommen. Appelle von außen, also beispielsweise seitens der Lehrerschaft gegenüber der Elternschaft formuliert, haben nicht selten kontraproduktive Wirkung. Wer lässt sich schon gerne in der eigenen Familie etwas „dreinreden". Der Erfolg ist meistens, dass Eltern in der Folge zur Beschönigung von Tatsachen neigen oder, was man erfahrungsgemäß als noch kontraproduktiver einschätzen muss, „zwangsbeglückende familiäre Sit-ins" veranstalten, vor denen sich Kinder und Jugendliche dann regelrecht „fürchten", weil sie natürliche „Antennen" für die laborhafte Unnatürlichkeit ihrer Eltern in solchen Situationen haben.

Agieren die Lehrpersonen gegenüber den Eltern in der beschriebenen schulmeisterlichen Form, so verbauen sie sich die Möglichkeit, von Seiten der Eltern und Kinder zu Informationen über das tatsächliche Geschehen in der Familie zu gelangen. Gerade diese Informationen können aber gut als Grundlage für einen verhaltensdifferenzierenden Umgang mit den jungen Menschen in der Klassengemeinschaft dienen. Ein Unfallarzt kann sich seinen Patienten eben auch nicht aussuchen und schon gar nicht wünschen, dass er bei der Behandlung derselben kein Blut sehen dürfe. Daher ist der immer wieder beobachtbare Versuch, Fehlverhalten in der Schule durch Erziehung der Eltern zu verändern, nur eine nerven- und kraftraubende Übung mit wenig Aussicht auf Erfolg. Viel interessanter ist hingegen schon das Bemühen, die zweifellos lange Zeit, die ein junger Mensch innerhalb eines Schulgebäudes verbringt, zu sinnvollen Maßnahmen der Verhaltensbeobachtung und in Folge auch der Änderung störender Verhaltensmuster zu nützen.

In diesem Zusammenhang ist natürlich die Frage, wie viele Stunden ein Kind oder ein Jugendlicher zu bestimmten Zeitabschnitten seiner Entwicklung in der Familie, in der Schule oder anderswo verbringt, äußerst interessant. *Baacke* bringt in einem sehr aufschlussreichen Beitrag seines Buches (*Baacke, D.,* 1995) das Problem auf den Punkt, indem er das „Herauswachsen" des Kindes aus einer Welt/einem Weltausschnitt insoferne als Zeitproblem darstellt, als die soziale Welt oft schneller wachsen kann, als dies für ein Kind günstig ist, und er zitiert in der Folge *Pechstein,* der festhält: „Die Einführung in außerfamiliäre Erziehungssituationen muss in ihrem zeitlichen Umfang dem mit dem Alter des Kindes erst allmählich wachsenden Fähigkeiten des Lebens in einer Fremdgruppe entsprechen." (*Pechstein, J.,* 1978, S. 90)

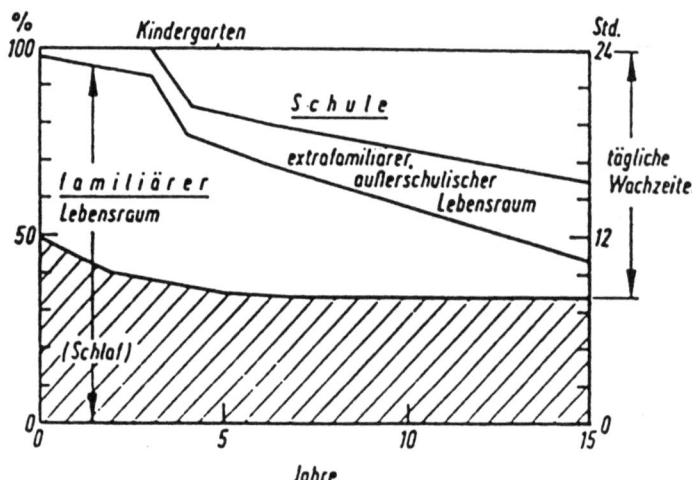

Die zeitliche Partialbedeutung der extrafamiliären Erziehungsinstitutionen gegenüber dem Zeitfonds des familiären Lebensraums während der Kindheit. (Quelle: Pechstein, J., 1978, S. 90)

Aus dieser Grafik geht nur allzu deutlich hervor, dass es eigentlich keine Ausreden dafür gibt, den Ort der Schule nicht zu einem Zentrum kontinuierlicher, also täglich zu fixen Zeiten umgesetzter verhaltenssteuernder Maßnahmen zu machen. Treten Verhaltensschwierigkeiten bei jungen Menschen auf, ist die Schule m. E. gerade der Ort im Tagesablauf eines Kindes oder Jugendlichen, wo die so notwendige zeitliche Kontinuität verhaltensbeeinflussender Maßnahmen, bei allem Stoffdruck, noch am leichtesten organisiert werden kann. Natürlich können die später noch angesprochenen Helfer- und Patensysteme und Selbststeuerungstechniken auch auf den außerschulischen Bereich ausgedehnt werden, doch das Zentrum für alle Maßnahmen kann für einen schulpflichtigen Menschen nur der Ort der Schule sein, da dort mit Sicherheit der anteilsmäßig längste Zeitabschnitt eines Tages in einer erziehungsgesteuerten Umgebung verbracht wird. Natürlich erspart dies nicht ein gleichzeitiges Umdenken über die vielerorts noch zu verändernde Bedeutung der Schule für die gesamte Persönlichkeitsentwicklung eines jungen Menschen. Dies wird im folgenden Abschnitt noch verdeutlicht, in dem Chancen behandelt werden, die sich oftmals erst durch das Auftreten von Konflikten und durch auffälliges oder störendes Verhalten ergeben. Es soll allerdings in diesem Zusammenhang zuletzt auch darauf hingewiesen werden, dass die Anteile in den Lehreraus- und -fortbildungen, die unsere Berufsgruppe für solche Aufgaben noch kompetenter machen, dringend ausgeweitet gehören und dem Lehrpersonal auch der entsprechende zeitliche Freiraum für die Umsetzung explorativer wie präventiver Maßnahmen oder auch solcher der Intervention zugestanden werden muss.

Eine Tatsache ist jedenfalls, dass sich verhaltensauffällige bzw. den Unterricht störende SchülerInnen so gerne in der Schule aufhalten, dass mir bei Lehrerteam-Supervisionen zum Thema immer wieder händeringend der Wunsch vorgetragen wird: „Wenn er/sie doch wenigstens nur einmal eine Woche fehlen würde!"
ProblemschülerInnen fühlen sich, trotz häufiger Schelten und Bestrafungen, in der Schule in Wahrheit oft wohler als anderswo. Auch daraus lässt sich für uns der Auftrag ableiten, Wege und Mittel zu finden, wie diese Energie auch auf Seiten der Lehrpersonen und MitschülerInnen in positive, den sozialen Lernertrag fördernde Maßnahmen umgewandelt werden könnte.
Das Glas ist also halb voll!

3.2. Die Chancen

Erst wenn das Verhalten eines Menschen, besonders eines jungen Menschen in der Schule oder in der Familie, einen Konflikt oder gar eine Kettenreaktion von Konflikten auslöst, wird der Leidensdruck aller daran beteiligten Personen irgendwann so groß, dass Handlungsbedarf angemeldet ist.

Aus der Konfliktforschung sei hier zuerst einmal jene Sicht von Konflikten referiert, die zu „Auseinandersetzung, Belastung und/oder Schwierigkeiten führen", wobei Ereignisse dieser Art wieder emotionale, kognitive und/oder psychische Beeinträchtigungen mit sich bringen können. (Vgl. *Becker, G. E.*, 1993)

Es ist evident, dass das Ausmaß der Betroffenheit bei einzelnen Personen sehr unterschiedlich ausfallen kann, und man unterscheidet daher in der Fachliteratur, je nach Relevanz eines Konfliktes für die betreffende Person, zwischen Schein-, Rand-, Zentral- oder Extremkonflikten.

- Als *Scheinkonflikte* werden solche angesehen, die sich bei näherer Betrachtung eher als irrelevant herausstellen.
- *Randkonflikte* zeichnen sich durch eher geringe und kurzfristige Beeinträchtigungen aus.
- *Zentralkonflikte* führen demnach zu stärkeren und längerfristig andauernden Beeinträchtigungen, während
- *Extremkonflikte* schließlich durch dauerhafte Beeinträchtigung gekennzeichnet sind.

Übereinstimmung herrscht bei sehr unterschiedlichen Autoren allerdings auch über die Tatsache, dass Konflikte in der Schule mitunter jedoch auch durchaus erwünscht sein können und es auch ein Merkmal von Konflikten ist, dass sie Persönlichkeitsentwicklung und soziale Lernprozesse fördern können, ja dass sie in gewissen Situationen sogar von Lehrpersonen im Interesse der zu unterrichtenden SchülerInnen zu erzeugen sind. (Vgl. *Becker, G. E.*, 1993)

Manche Autoren gehen ohnehin von einem positiven Verständnis des Begriffes Konflikt aus und betrachten Konflikte nicht nur „als etwas ganz Normales im Zusammenleben", sondern halten zudem für ihre Handlungsorientierung im Umgang mit Konflikten fest, dass es gleichgültig sei, ob man Konflikte etwas allgemeiner als „Zusammenprall von Interessen, Werten, Aktionen oder Richtungen" (*de Bono, E.*, 1989) oder stärker bezogen auf den sozialen Konflikt als „subjektive Beeinträchtigung durch andere" (*Glasl, F.*, 1990) definiere.

Konflikte werden immer als etwas Positives betrachtet, da sie ein wichtiges Signal dafür seien, dass etwas nicht stimme.

Dieser Sichtweise wollen wir folgen.

Konflikte bieten eben auch Chancen, Chancen zur Veränderung im positiven Sinn, was die Beziehungsprobleme in Schule und Familie angeht. Entscheidend ist dabei, dass die betroffenen Menschen Fähigkeiten im Umgang mit den Konflikten erwerben oder die vielen schon in ihnen schlummernden Fähigkeiten dabei richtig anwenden. Die Konflikte an sich stellen also weniger ein Problem dar als die Art und Weise, in der Menschen damit umgehen.

Wenn auch eine große Gefahr in der Verdrängung, dem Ignorieren und Verharmlosen von Konflikten liegt (vgl. dazu *Faller, K.*, 1996) und Beteiligte unter latenten Konfliktsituationen oft sehr leiden, so sei an dieser Stelle trotzdem noch einmal ausdrücklich darauf hingewiesen, dass am Beginn des Umganges mit Konflikten niemals die Lösung im Vordergrund stehen sollte.

> Die Konfliktfähigkeit steht als Handlungsziel weit vor der Konfliktlösung!

Da, wie schon mehrfach angesprochen, die vorschnelle Vorgabe von Lösungen und Lösungswegen häufig allen Beteiligten die Möglichkeit verbaut, tiefere, vielfältigere und wahrere Erkenntnisse zu gewinnen, und die eventuell zuerst als einzig möglich angesehene Lösung sich später sogar als kontraproduktiv und Konflikt verschärfend herausstellt, werden die zu ihrer Erreichung gesetzten Maßnahmen gelegentlich zu guter Letzt als völlig überflüssige und sinnlose Anstrengungen einzuschätzen sein.

> Die erste ganz große Chance, die also auch Verhaltensschwierigkeiten mit sich bringen, wäre: Mit Spannung, Neugierde und vielleicht sogar Freude das Wesen von Verhaltensschwierigkeiten bei jungen Menschen erkunden, um sich dann dem Umgang mit diesen Problemen zu widmen. Schließlich auf der Basis von gemeinsam mit der auffälligen oder störenden Person überdachten Handlungsentwürfen gemeinsame Erfahrungen machen.

Die praktische Erfahrung im Umgang mit verhaltensauffälligen und -gestörten Kindern bestätigt jedenfalls immer wieder, dass eine derartige nicht verkrampft lösungsorientierte Grundhaltung letztlich immer eher zur Deeskalation und Normalisierung führt, wenn auch die vermeintlichen Lösungsergebnisse manchmal unkonventionell und überraschend sein können.

Ein praktisches Beispiel kann die Überlegungen, die diesem Prinzip zugrunde liegen, vielleicht noch etwas deutlicher veranschaulichen:

Stellen Sie sich vor, mit einem aus ihrer Sicht schwer verhaltensgestörten Kind im zehnten Stock eines Hauses in einem Raum ohne Fenster eingeschlossen worden zu sein. Nun versuchen Sie, mit allerlei in diesem Raum vorhandenen Hilfsmitteln das Schloss der Türe zu öffnen, was Ihnen im Annahmefall nach vielen Versuchen einfach nicht gelingen will.

Welche Reaktionen des Kindes können Sie früher oder später mit Sicherheit erwarten?

Das Kind wird über kurz oder lang zu Ihnen sagen: „Lass es doch einmal mich probieren!"

So gelangen Sie, angetrieben von dem einem jeden Menschen angeborenen Neugierdeverhalten, seinem immer vorhandenen Wunsch, Erfolg zu haben, zu einer gemeinsamen Handlungsorientierung. Ein gemeinsames Ziel stellt immer noch die beste Ausgangsbasis für eine Verbesserung der Kommunikation und einen verbesserten Umgang der Menschen miteinander dar. Gemeinsames Handeln und die dabei erzielten, auch noch so kleinen Erfolge verbinden, lösen Krämpfe und Missverständnisse und erzeugen Vertrauen zueinander. Eine Voraussetzung ist allerdings, dass die Ausgangslage für das gemeinsame Handeln, wie im vorgegebenen Beispiel, dadurch gekennzeichnet ist, dass die Betroffenheit von einer Problemlage von beiden Seiten gleichermaßen durch entsprechende (Ich-)Botschaften auch eingestanden wird.

Ein Erlebnis aus meiner persönlichen Praxis mit einem äußerst aggressiven Buben sei hier angeführt:

Das fremd-, sach-, ja zeitweise sogar autoaggressive Verhalten des Kindes war für die Lehrpersonen wie auch die MitschülerInnen zum ernsten Problem geworden. Der Bub besuchte eine Integrationsklasse und stellte innerhalb dieser Klasse das weitaus größte Problem dar, obwohl in der Klasse auch geistig mehrfachbehinderte sowie lernbehinderte Kinder mit sonderpädagogischem Förderbedarf waren und die Klasse daher rund um die Uhr von einem LehrerInnenteam, bestehend aus Elementarschul- und SonderschullehrerInnen betreut wurde. Entsprechend der Rechtslage – der Bub war im Sinne der Lehrplanforderungen normal begabt –, waren für dieses Kind eigentlich keine Betreuungsstunden vorgesehen. Sein Verhalten eskalierte allerdings von Woche zu Woche und beanspruchte den weitaus größten Teil der Energien und der Zeit des LehrerInnenteams. Schwere Körperverletzungen der MitschülerInnen waren nicht mehr ausgeschlossen, und so arbeiteten wir intensiv im Bereich der Exploration und Diagnose auf der Suche nach passenden, den Leidensdruck für alle Betroffenen lindernden Handlungsstrategien. Als ich mit einigen Entwurfsvorschlägen in der Tasche die Schule aufsuchte und den Klassenraum betrat, bot sich mir folgendes Bild: Der Junge hielt ein 9-jähriges autistisches Mädchen, das zu jenem Zeitpunkt auf dem körperlichen Entwicklungsstand einer 4-Jährigen stand, mit beiden Armen fest an sich gedrückt und wiegte dieses Kind 10 cm über dem Boden hin und her. Ich wollte zu ihm hinstürzen, um Schlimmeres zu verhindern, doch die Sonderpädagogin hielt mich am Arm fest und sagte mit beruhigender Stimme: „Lass, das geht super so!" Was war passiert?

Der Junge hatte offensichtlich handlungsorientierte Schutzfunktion über die damals noch sehr scheue autistische E. übernommen, und diese selbst gewählte und auch nicht zufälligerweise von E. blitzartig akzeptierte Handlungsorientierung stellte in den folgenden Monaten unseren Hauptansatzpunkt für Maßnahmen zur Verbesserung der aggressiven Verhaltensweisen des Jungen dar. Die Erfolge konnten für alle Beteiligten sichtbar gemacht werden, stellten für alle also eine Belohnung dar, und obwohl sich viele im familiären Umfeld des Jungen als Auslöser anzusiedelnde Faktoren in der Folge eher noch verschärften, konnten die Häufigkeiten und Intensitäten des aggressiven Störverhaltens stark vermindert werden.

Auch dieses Beispiel belegt, wie groß die Chance einer Milderung des Leidensdruckes durch die Akzeptanz der positiven Energien ist, die jedem Konflikt, jedem Problem mit Verhaltensschwierigkeiten innewohnen.

3.2.1. Chance „Verhaltensakzeptanz"

Wenn es stimmt, dass das Auftreten von Konflikten, Verhaltensschwierigkeiten und Problemen auch positives Signal zur Neubesinnung, zu reflektierendem Umgang mit unseren Mitmenschen sein kann, bedeutet dies für den Umgang von Erwachsenen mit Kindern, dass wir uns einige speziell für die Kindheit und Jugend geltende Tatsachen der Verhaltensbeeinträchtigung in Erinnerung rufen müssen. In meinem Buch „Anders Lernen" finden sich diesbezüglich einige gedächtnisentwicklungs-psychologische Implikationen, wie etwa der Hinweis auf spezielle Defizite des Denkens im Kindes- und Jugendalter.

Es sei hier nur kurz an die Tatsache der sogenannten Strategiedefizite und der Defizite im Bereich des Metagedächtnisses erinnert. Kinder und Jugendliche können Denkstrategien nicht im gleichen Ausmaße, wie dies Erwachsene tun, von sich aus nützen, sondern müssen immer wieder an Strategien erinnert werden. LehrerInnen, die mit Kindern etwa nach einem verlängerten Wochenende oder gar längeren Ferien arbeiten, können von diesen Produktionsdefiziten „ein Lied singen". In diesem Altersbereich ist aber auch das Gedächtnis über das eigene Gedächtnis, also das sogenannte Metagedächtnis noch nicht in dem Maße wie bei Erwachsenen entwickelt, und man kann daher den Satz: „Nicht für die Schule, sondern für das Leben lernen wir!" getrost als einen geradezu klassischen Versuch einordnen, das Denken eines erwachsenen Menschen dem eines Kindes oder Jugendlichen aufzuzwingen. (Vgl. *Kret, E.*, 1993)

Kindheit und Jugend sind wohl nicht nur für Kinder und Jugendliche, sondern auch für Erwachsene, ja sogar für Menschen in hohem Alter äußerst faszinierende Lebensabschnitte. Doch es sind auch Lebensabschnitte, in denen das Denken und Handeln der Menschen etwas anders abläuft als im späteren Alter. Das muss einfach, so wie es ist, zur Kenntnis genommen werden.

Es lohnt sich, hier wenigstens kurz auf einige weitere Bestimmungsmerkmale des Verhaltens in diesen Altersbereichen einzugehen. Dies erleichtert die Verhaltensakzeptanz gegenüber Kindern und Jugendlichen einerseits und macht andererseits den Umgang mit Menschen dieser Altersgruppen interessanter und spannender. Vielleicht können die ausgewählten Befunde zur Vergrößerung der Akzeptanz, aber auch zu neuer Freude im Umgang mit Kindern und Jugendlichen beitragen.

3.2.1.1. Wie Erwachsene Kinder und Jugendliche erleben

Die im Laufe der Geschichte der Entwicklungspsychologie doch immer wieder umstrittene Frage, welche Altersgruppen nun eigentlich den Begriffen Kindheit, Jugend, Adoleszenz, etc. zuzuordnen seien, möge hier nur erwähnt bleiben. Diskussionen, die den folgenden Darstellungen zugrunde liegen, können in der angegebenen Literatur nach Bedarf ausführlicher nachgelesen werden. Bei *Oerter, R./Montada, L.*, (1995) findet sich u. a. die auf S. 38 folgende Abbildung zur terminologischen und zeitlichen Strukturierung der Lebensphase „Jugend".

Dieter Baacke fasst mögliche Zuordnungskriterien für den Altersbereich vom 4. bis zum 13. Lebensjahr recht sinnvoll folgendermaßen zusammen:

„1. Kindheit ‚ist nicht allein universell durch bestimmte qualitative und quantitative psychische Veränderungen bestimmbar, sondern auch kulturell definiert' (*Oerter, R./Montada, L.*, 1992, S. 195): Dazu gehört nach *Oerter* eine erhebliche ‚Entfernung zur Erwachsenenwelt' (das Kind ist – im Gegensatz zum Jugendlichen – keine ‚Konkurrenz' für den Erwachsenen, etwa im erotischen Bereich); es herrscht eine vollständige, akzeptierte Abhängigkeit von den Erwachsenen vor.

2. Kindheit könnte man kennzeichnen durch eine ‚selbstverständliche Welthinnahme' (*Baacke, D.*, 1983, S. 14), während Kleinkinder nur Ausschnitte der Welt erfassen und mit Contenanceproblemen beschäftigt sind, hingegen Jugendliche beginnen, sich von bestimmten erlernten Verhaltensmustern, von anderen, ja auch von sich selbst zu distanzieren.

3. Jugendliche zeigen im Gegensatz zum Kind eine wachsende *field-independence-performance* (*Baacke, D.*, 1983, S. 73, 80). Umgekehrt sind Kinder noch stark kontextbezogen und erfahren ihre Umwelt als sinnlich-zusammenhängend.

4. Dem entspricht die Beschreibung dieser Altersgruppe (vom 1. Grundschuljahr bis zum 12. Lebensjahr) nach *Jean Piaget:* Es ist die Periode der ‚konkreten Operationen'. Damit ist gemeint, dass die gegenständliche Welt mit Hilfe internalisierter Handlungen (Operationen) in einer Gruppierungsmatrix geordnet wird, wobei die damit verbundenen intellektuellen Orientierungshandlungen sich eng am Gegenstand entwickeln, also auf Konkreta Bezug nehmen. Die internalisierten Handlungen selbst tauchen jetzt jedoch nicht mehr als sinnlich beobachtbare gedankliche Operationen auf; das Kind geht zwar vom Gegenständlichen aus, entwickelt seine Denkoperationen aber nicht mehr ausschließlich am äußeren Handeln.

5. Viele beschreiben die Altersgruppe der 6- bis 12-Jährigen auch als ‚Latenzperiode' (z. B. *Stone, L.J./Church, J.*, 1978, S. 120). Während in der frühen Kindheit entscheidende Dispositionen (Sprachvermögen) und Tiefenstrukturen (psychoanalytisch erörterte Strukturierung des Verhältnisses von Ich, Es und Über-Ich) erworben werden und die Jugend durch den komplexen Prozess der *Identitätsbildung* gekennzeichnet ist (*Baacke, D.*, 1983, S 140 ff.), scheint die Zeitspanne dazwischen eher bestimmt zu sein durch eine Phase der *Beruhigung und Vorbereitung*." (*Baacke, D.*, 6. Aufl., 1995, S. 45 ff.)

Diese Sichtweisen stellen zweifellos Einschätzungen aus der Perspektive Erwachsener dar. Mögen sie zum besseren Grundverständnis für Kinder

Periodisierung des Jugendalters

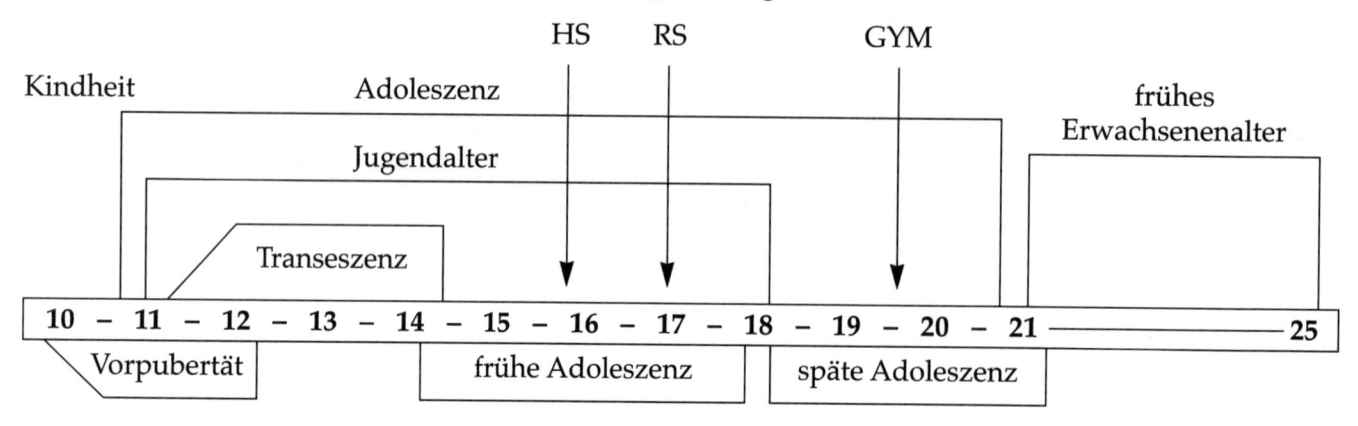

```
                            HS    RS        GYM
Kindheit      Adoleszenz                              frühes
                                                      Erwachsenenalter
              Jugendalter

        Transeszenz
  ┌─────────────────────────────────────────────────────────────┐
  │ 10 - 11 - 12 - 13 - 14 - 15 - 16 - 17 - 18 - 19 - 20 - 21 ─── 25 │
  └─────────────────────────────────────────────────────────────┘
  Vorpubertät         frühe Adoleszenz      späte Adoleszenz
```

Altersangaben:	zeitliche Orientierungen (keine exakten Abgrenzungen)
Vorpubertät:	dem Jugendalter vorausgehende Zeitspanne zwischen Kindheit und dem Auftreten erster sekundärer Geschlechtsmerkmale
Adoleszenz:	vollendetes 10. bis zum 21. Lebensjahr
Jugendalter:	11. bis zum vollendeten 17. Lebensjahr
Transeszenz:	11./12. bis zum 14. Lebensjahr
frühe Adoleszenz:	14. bis 18. Lebensjahr
späte Adoleszenz:	16. bis 21. Lebensjahr
frühes Erwachsenenalter:	21. bis 25. Lebensjahr

Terminologische und zeitliche Strukturierung der Lebensphase „Jugend"

Für den Entwicklungsabschnitt, der im Schwerpunkt das zweite Lebensjahrzehnt umfasst, steht „Adoleszenz" für die Zeitspanne zwischen vollendetem 10.–21. Lebensjahr. „Jugendalter" für 11.–17. Lebensjahr, d. h. „Adoleszenz" wird unspezifischer gebraucht als „Jugend".

„Vorpubertät" kennzeichnet die Periode zwischen reifer Kindheit und dem Auftreten erster sekundärer Geschlechtsmerkmale; die Zeitangabe 10.–12. Lebensjahr vernachlässigt die geschlechtsspezifischen Variationen.

„Transzendenz" steht für den Übergang von der Kindheit in die frühe Adoleszenz (Prozess der Geschlechtsreifung im Zeitraum zwischen 11./12.–14. Lebensjahr).

„Frühe Adoleszenz" umfasst die Zeitspanne 14.–18. Lebensjahr; im juristischen Gebrauch steht hiefür „Jugendalter".

Die altersbezogene Abgrenzung „Späte Adoleszenz" (18.–21. Lebensjahr) und „Junges Erwachsenenalter" (21.–25. Lebensjahr) erscheint relativ willkürlich. Daß das 21. Lebensjahr als Altersmarke relevant ist, mag auf die bis 1974 geltende Definition des Volljährigkeitsalters zurückgehen.

(Siehe *Oerter, R./Montada, L.*, 1995, S. 312)

im Pflichtschulalter beitragen. Unbedingt ergänzt werden sollte in diesem Zusammenhang weiters die Tatsache, dass in den letzten 150 Jahren in den entwickelten Industriestaaten, aufgrund vielfältigster Ursachen, ein zeitlicher Wandel stattfand, der mit dem Begriff *säkulare Akzeleration* beschrieben werden kann. Es geht dabei um das im genannten historischen Zeitraum ständige Absinken des Zeitpunktes der Geschlechtsreife, dargestellt in der Abbildung unten am Beispiel des Absinkens des Menarchealters in verschiedenen Ländern seit 1840.

Wenn die veranschaulichten Daten auch unvollständig sind, weil entsprechende Erhebungen teilweise erst zu späteren Zeitpunkten durchgeführt wurden, so muss den interpretierenden Ausführungen dazu bei *Oerter, R./Montada, L. (1995, S. 335)* sicherlich zugestimmt werden: „Einerseits reift der Mensch früher biologisch zum Erwachsenen heran, andererseits wird er immer später zum Erwachsenen, der die volle Verantwortung für die Aufgaben in Familie und Arbeitswelt übernimmt. Die Kluft zwischen biologischem und sozialem Erwachsensein wird größer."

Fakten dieser Art und die sehr interessanten Sichtweisen Jugendlicher, die man sich beim regelmäßigen Studium der Adoleszenzforschung bzw. auch beim aktiven Zuhören junger Leute erwerben kann, verbessern unser Verständnis. Das ständige Gespräch mit jungen Menschen bietet eine der größten Chancen, Verhaltensschwierigkeiten zu verstehen und mit ihnen in der Folge angemessen umgehen zu lernen. Unsere stete Bereitschaft, diesbezüglich Lernende zu bleiben, ist allerdings eine Grundvoraussetzung dafür.

3.2.1.2. Merkmale der Adoleszenz

Um unser Verständnis für die Aufteilung von Merkmalen auf Altersbereiche noch zu ergänzen, seien hier einige weitere Merkmale der Adoleszenzentwicklung nach *E. H. Erikson* dargestellt. Er fasste die psychosozialen Entwicklungsmerkmale in einem Strukturschema zusammen, das Phasen und Dimensionen der Identitätsentwicklung im Lebenszyklus verbindet. (Vgl. Tabelle S. 41)

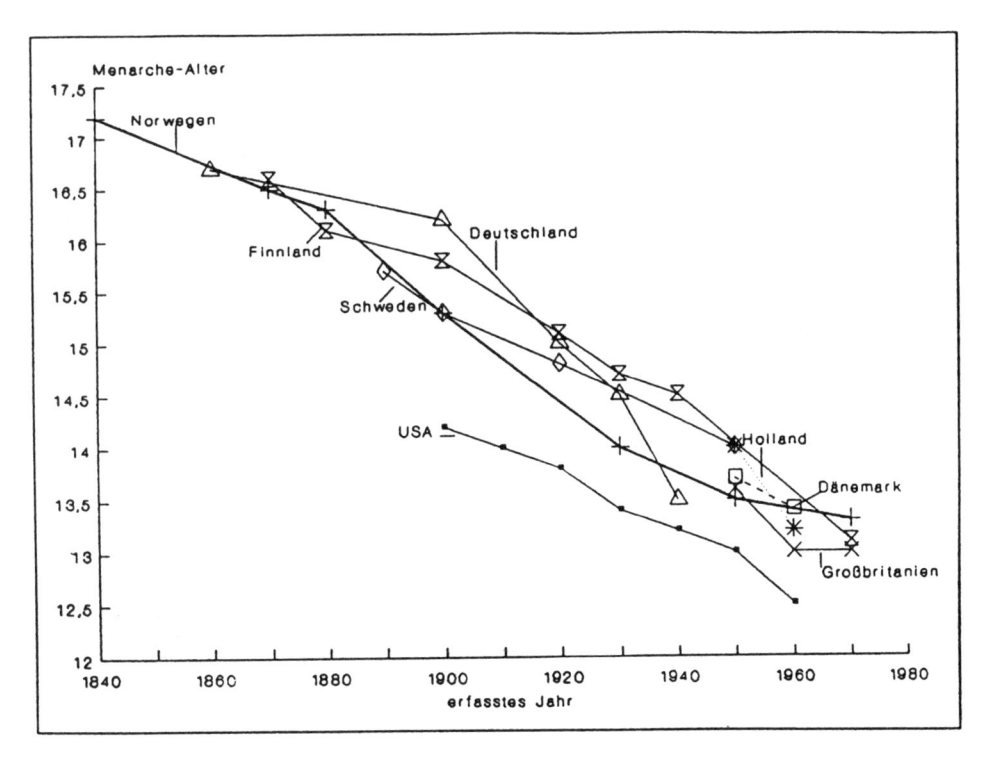

Menarchealter zwischen 1840 und 1960 in 8 Ländern (nach Tanner, 1962, S. 165)

Tabelle auf Seite 40 nach E. Erikson, zit. nach Oerter/Montada, 1995, S. 323

	A psychosoziale Krisen	B Umkreis der Beziehungs- personen	C Elemente der Sozialordnung	D psychosoziale Modalitäten	E psychosexuelle Phasen
I	Vertrauen gg. Misstrauen	Mutter	kosmische Ordnung	Gegeben bekommen, Geben	oral-respirato- risch, sensorisch kinästhetisch, (Einverleibungs- modi)
II	Autonomie gg. Scham, Zweifel	Eltern	„Gesetz und Ordnung"	Halten (Festhalten), Lassen (Loslassen)	anal-urethral muskulär (retentiv- eliminierende)
III	Initiative gg. Schuldgefühl	Familienzelle	ideale Leitbilder	Tun (Drauflos- gehen) „Tun als ob" (=Spielen)	Infantil-genital, lokomotorisch, (eindringend, einschließend)
IV	Werksinn gg. Minderwertig- keitsgefühl	Wohngegend, Schule	technologische Elemente	etwas „Richtiges" machen, etwas mit anderen zu- sammen machen	Latenzzeit
V	Identität und Ablehnung gg. Identitäts- diffusion	„eigene" Grup- pen, „die ande- ren", Führer- Vorbilder	ideologische Perspektiven	Wer bin ich (wer bin ich nicht)? Das Ich in der Ge- meinschaft	Pubertät
VI	Intimität und Solidarität gg. Isolierung	Freunde, sexuelle Partner, Rivalen, Mitarbeiter	Arbeits- und Rivalitäts- ordnungen	Sich-im-anderen- verlieren und -finden	Genitalität
VII	Generativität gg. Selbstabsorption	gemeinsame Ar- beit, Zusammen- leben in der Ehe	Zeitströmung in Erziehung und Tradition	schaffen, versorgen	
VIII	Integrität gg. Verzweiflung	„Die Menschheit", „Menschen meiner Art"	Weisheit	sein, was man geworden ist; wissend, dass man einmal nicht mehr sein wird	

Einige Probleme und viele Chancen

Mittlere Kindheit (8 – 12 Jahre)	Adoleszenz (12 – 18 Jahre)	frühes Erwachsenenalter (18 – 30 Jahre)
1. Erlernen körperlicher Geschicklichkeit, die für gewöhnliche Spiele notwendig ist	1. neue und reifere Beziehungen zu Altersgenossen beiderlei Geschlechts aufbauen	1. Auswahl eines Partners
2. Aufbau einer positiven Einstellung zu sich als einem wachsenden Organismus	2. Übernahme der männlichen/weiblichen Geschlechtsrolle	2. mit dem Partner leben lernen
3. Lernen, mit Altersgenossen zurechtzukommen	3. Akzeptieren der eigenen körperlichen Erscheinungen und effektive Nutzung des Körpers	3. Gründung einer Familie
4. Erlernen eines angemessenen männlichen oder weiblichen sozialen Rollenverhaltens	4. emotionale Unabhängigkeit von den Eltern und von anderen Erwachsenen	4. Versorgung und Betreuung der Familie
5. Entwicklung grundlegender Fertigkeiten im Lesen, Schreiben und Rechnen	5. Vorbereitung auf Ehe und Familienleben	5. ein Heim herstellen; Haushalt organisieren
6. Entwicklung von Konzepten und Denkschemata, die für das Alltagsleben notwendig sind	6. Vorbereitung auf eine berufliche Karriere	6. Berufseinstieg
7. Entwicklung von Gewissen, Moral und einer Wertskala	7. Werte und ein ethisches System erlangen, das als Leitfaden für Verhalten dient – Entwicklung einer Ideologie	7. Verantwortung als Staatsbürger ausüben
8. Erreichen persönlicher Unabhängigkeit	8. sozial verantwortliches Verhalten erstreben und erreichen	8. eine angemessene soziale Gruppe finden
9. Entwicklung von Einstellungen gegenüber sozialen Gruppen und Institutionen		

Liepmann, D. und Stiksrud, A., Entwicklungsaufgaben der Adoleszenz nach Havighurst – dargestellt unter der Perspektive des Übergangs zwischen Kindheit und frühem Erwachsenenalter (Dreher, E./Dreher, M. [1985], S. 59

Havighurst, R. J. (1982) versucht in seinem Schema eine Kennzeichnung von Entwicklungsaufgaben für den Altersbereich vom 6. bis zum 30. Lebensjahr zu geben. (Vgl. Tabelle S. 41)

Zuletzt einige Befunde zur Identitätsentwicklung Jugendlicher aus deren eigener subjektiver Sicht, die nach *Mc Candless, B. R.* (1970) auf folgende Aspekte ihres Selbstbildes besonderen Wert legen:

„1. intellektuelle Fähigkeiten: Mathematik und Naturwissenschaften, Geisteswissenschaften, Künste,
2. Attraktivität: mein Gesicht, mein Körper, meine Beine, meine Größe, mein Haar (Haarfülle), mein Körperbau,
3. physische Fähigkeiten: Stärke und Ausdauer, besondere Fähigkeiten im Schwimmen, Laufen oder ähnlichen Sportarten,
4. soziale Attraktivität: Bin ich bei meinen Freunden/Freundinnen beliebt?
5. Identifikation als erotisch-sexueller Typ: Welchen Grad der Männlichkeit habe ich? Werde ich von allen als Mann/Frau akzeptiert? Bin ich ein ‚Zwischentyp'?
6. Qualitäten als Führer: Bin ich ein Anführer, ein Gefolgsmann oder beides, je nachdem? Wenn man mich für etwas auswählt, erfülle ich dann auch die Erwartungen? Wählt man mich überhaupt?
7. Moralische Qualitäten: Schenkt man mir Vertrauen? Hält man mich für energisch oder nachgiebig und bestimmbar?
8. Sinn für Humor: Habe ich Humor? Habe ich originelle Züge? Bin ich vielleicht sogar sophisticated?

Mc Candless merkt selbst an: ‚Such a list can go on and on' (S. 446). Was Jugendliche an ihrem Selbst-Konzept hervorheben, variiert nach Alter, Geschlecht, sozialer Lage, Gruppenzugehörigkeit sicher im Ganzen beträchtlich. Stärker als die Identitäts-Kategorie ‚Individualität' verweist ‚Selbst' auf soziale Beziehungen, durch die und in denen sich ein Heranwachsender in seiner Identität konstituiert." (*Baacke, D.*, 1994, S. 210)

Sich diese und immer wieder neue, aktuelle Faktoren zum Selbst-Bild junger Menschen zu überlegen, ist nicht nur eine gute Chance, Verhaltensschwierigkeiten bei Menschen dieser Altersgruppe besser verstehen zu können, sondern eröffnet für uns Erwachsene zweifellos auch die Option, von Kindern und Jugendlichen etwas zu lernen.

3.2.1.3. Was Erwachsene von Kindern und Jugendlichen lernen können

Die provokante Überschrift verspricht an dieser Stelle eine Darstellung aller möglichen Unzulänglichkeiten der Erwachsenen und ihrer Welt, die es in der Tat zu Haufe gibt. Nicht selten führte die Anerkennung solcher Unzulänglichkeiten zur Erkenntnis, dass man „Kinder an die Macht" lassen müsste, um dem Wahnsinn vieler Taten Erwachsener endlich ein Ende zu bereiten. So legitim diese überhöhte Aussage als literarische Ausdrucksform in Liedern oder Texten auch sein mag, halte ich es andererseits für mehr als fragwürdig, gerade den Kindern zuzumuten, jene durch das Fehlverhalten Erwachsener ausgelösten Probleme stellvertretend für uns zu lösen. Recht aufschlussreich sind allerdings die Ergebnisse jener Befunde, denen zufolge Jugendliche nicht nur von Erwachsenen, sondern auch Erwachsene von Jugendlichen etwas lernen könnten:

„Die im Jugendwerk der Deutschen Shell in 5 Bänden herausgegebene Studie ‚Jugendliche + Erwachsene 85' (1985) hat im Jahr 1984 damals 15- bis 24-jährige junge Menschen und eine Erwachsenengeneration – die der damals 45- bis 54-Jährigen – danach gefragt, ob und was sie voneinander lernen könnten. Bemerkenswert war die Lernbereitschaft beider Generationen. Nur noch ein Viertel der Erwachsenen, also die Elterngeneration der Jugendlichen in den 80er Jahren, beharrte auf dem Standpunkt, Lernprozesse hätten immer in einer Richtung zu erfolgen, nämlich von den Älteren zu den Jüngeren. Immerhin, 87 % der Jugendlichen meinten, die älteren Leute könnten etwas von den jüngeren lernen; die bevorzugt genannten Lerngegenstände waren:

1.	Locker leben	23 %
2.	Aufgeschlossener sein/ weniger Vorurteile	22 %
3.	Toleranz	21 %
4.	Mehr Lebensgefühl	13 %
5.	Mehr Interesse für die Probleme Jugendlicher	11 %
6.	Moderner sein	9 %
7.	Kritischer sein/sich nicht alles gefallen lassen	8 %
8.–9.	Mehr auf andere eingehen	7 %
8.–9.	Moderne Technik/ modernes Berufswissen	7 %
10.	Zufriedenheit mit dem Gegebenen	6 %
11.–12.	Nicht nur an materielle Dinge zu denken	5 %
11.–12.	Partnerschaft, Zusammenleben	5 %

Damit haben die Erwachsenen nicht mehr das Monopol, ihre Lernprozesse abgeschlossen zu haben und vom sicheren Ort sozialen und pädagogischen Wissens aus handeln zu können. Umgekehrt gestehen Jugendliche aber auch Erwachsenen bestimmte Kompetenzen zu, vor allem

– Lebenserfahrung/Erfahrungswert/ Wissen auf allen Gebieten

– Fleiß/Pflichtgefühl/Disziplin/Leistung/ Verantwortungsbewusstsein

– Sparsamkeit/Umgang mit Geld/ Ansprüche zurückstecken

– Umgangsformen/Benehmen

– Lebensbewältigung/mit Problemen fertig werden/durch Gespräche, Dialog helfen lassen.

Die Akzente der von Jugendlichen bzw. Erwachsenen vertretenen Lernkompetenzen sind freilich verschieden."
(*Baacke, D.*, 1994, S. 14–15)

Zusammenfassend kann also festgehalten werden, dass eine weitere große Chance, Verhaltensschwierigkeiten besser zu verstehen, darin liegt, dass wir dieses Angebot, von Jugendlichen zu lernen, immer wieder neu überprüfen und im gegebenen Fall auch annehmen.

3.2.1.4. Problematische Reaktionen vermeiden

Um die Verhaltensakzeptanz stetig zu verbessern, wollen wir auch einige empirische Befunde darüber besprechen, die mögliche und immer wieder beobachtete Verhaltensmuster gegenüber auffälligen Kindern und Jugendlichen seitens der Erwachsenen aufzeigen. Die im Folgenden angeführten Reaktionsmuster nach *Richardson* (1980, in *Salzinger, S.* u. a.) beziehen sich zwar auf den Umgang mit geistig zurückgebliebenen Kindern oder solchen mit vergleichbaren Entwicklungsstörungen und -schwierigkeiten, lassen sich aber nach Ansicht einiger Autoren (vgl. *Baacke, D.*, 1996) in abgewandelter Form durchaus auch auf Kinder mit sogenannten zugeschriebenen Auffälligkeiten (Delinquenz) oder Kinder mit Störungen soziokulturellen Ursprungs übertragen.

„1. Schon die erste Reaktion gegenüber physisch in ihrer Entwicklung Behinderter ist weniger freundlich und offen im Vergleich zu Kindern, die kein Handicap haben.

2. Es gibt eine bemerkenswerte Übereinkunft in den (kindlichen) Subkulturen der Gleichaltrigen darüber, wie weit Behinderte akzeptiert werden oder nicht.

3. Emotionale Betroffenheit und auch Angst finden sich in verschiedenen Stufen bei der ersten Begegnung mit einer benachteiligten Person.

4. Die von 1 – 3 beschriebenen Reaktionen finden sich schon in der frühen Kindheit.

5. Die physische Benachteiligung beschäftigt anfangs stark die Aufmerksamkeit der nicht benachteiligten Person. Die Bedeutung des Handicaps führt dazu, dass andere Eigenschaften der benachteiligten Person kaum beachtet werden – Eigenschaften, die sonst beim gegenseitigen Kennenlernen sofort in die interpersonale Gewichtung und Einschätzung eingehen (und damit ein reichhaltigeres Bild ergeben).

6. Das erste Kennenlernen schließt häufig ein unsicher-ambivalentes Gefühl der nicht behinderten Person ein. Aus Angst, die negativen Züge des ambivalenten Verhaltens allzu deutlich aufzudecken, neigt die nicht behinderte Person dazu, in ihrem Verhalten sehr formal zu sein und das Verhalten stark zu kontrollieren (auf Kosten von Spontaneität, Gefühlswärme und unverstelltem Ausdruck).

7. Entsprechend der Erfahrung der ersten Begegnung führt das ambivalente Gefühl später entweder zu einer übertrieben negativen Einschätzung der benachteiligten Person oder auch zum Gegenteil: Die benachteiligte Person wird in übertriebener Weise als hochgeschätzt und angenehm dargestellt.

8. Zu beobachten ist bei den Nichtbehinderten eine starke Kontrolle nonverbalen Verhaltens (Einschränkung spontaner Gestik) sowie eine Tendenz, der anderen Person physisch nicht zu nahe zu kommen.

9. Die nicht behinderten Personen zeigen weniger Beweglichkeit in ihrem Verhalten als sonst, und sie bemühen sich, ihre Meinungen in einer Weise darzustellen, von der sie meinen, dass die benachteiligte Person sie eher mögen und akzeptieren könnte.

10. Nicht benachteiligte Personen beenden die erste Begegnung mit einer behinderten Person entschieden schneller, als wenn sie mit einer nicht behinderten Person zusammentreffen.

11. Die Reaktion der Eltern bei der Geburt eines sichtbar belasteten Kindes zeigt die schon beschriebenen Züge, darüber hinaus Schockverhalten, Ablehnung, Trauer, sozialen Rückzug und sogar Depression."

(*Richardson, St. A.*, [1980] Ecological research in mental retardation, in: S. Salzinger u. a. , S. 86, zit. nach: Baacke, D. [S. 304 f.]).

Da behinderte oder gestörte Kinder, wie schon einmal angesprochen, geradezu „Antennen" für solche Verhaltensunsicherheiten der Erwachsenen haben, spüren sie natürlich diese Befangenheiten und fühlen sich dadurch zusätzlich sozial stigmatisiert und erniedrigt.

In diesem Zusammenhang sei in diesem Kapitel, das ja vorwiegend dazu anregen soll, Verhalten bei Kindern und Jugendlichen, auch wenn es auffällt, stört und verändert werden soll, erst einmal, so wie es ist, anzunehmen, abschließend auf die große Gefahr hingewiesen, dass Erwachsene oftmals das nötige Taktgefühl im Umgang mit diesen Kindern vermissen lassen.

Immer wieder passierte es mir in der psychologischen Praxis, dass die Probleme der jungen Menschen in aller Öffentlichkeit, vor der versammelten Klassengemeinschaft, vor allen Familienmitgliedern, am Telefon in Anwesenheit des Kindes, etc. angesprochen, ja teilweise sogar in ausführlichsten Darstellungen dargelegt wurden. Natürlich steckt dahinter meist nicht die Absicht des Bloßstellens, doch die Wirkung auf Seiten des Kindes oder Jugendlichen bleibt auch bei bester Absicht dieselbe. Wer ließe sich etwa gerne in Anwesenheit von Altersgenossen auf alle möglichen körperlichen, psychischen oder Persönlichkeitsschwächen oder gar daraufhin ansprechen, ob man mit diesem oder jenem Medikament etwa gegen Hyperaktivität halbwegs zu Rande komme? Die Hänseleien wegen der „Hyperpillen" folgen auf dem Fuße und verschärfen die meist durch die Störung ohnehin schon bestehende soziale Isolation in dem jeweiligen Sozialgefüge nur noch weiter.
Es handelt sich also um eine kontraproduktive Art der „Hilfsbereitschaft".

Wir haben es hierbei, darauf möchte ich mit der interpretierenden Darstellung des folgenden Gedichtes von *Friedrich Gellert* hinweisen, mit dem schon recht ausführlich besprochenen Problem der Eigendynamik diagnostischen Handelns zu tun, was bekanntlich, selbst bei bester Absicht, äußerst fatale Folgen haben kann.

Einige Probleme und viele Chancen

„Die Affen und die Bären" (1765)
Ein Gedicht von *Friedrich Gellert*:

Die Affen baten einst die Bären,
sie mögen gnädigst sich bemühn
und ihnen doch die Kunst erklären,
in der die Nation der Bären
die ganze Welt des Waldes noch zu übertreffen schien,
die Kunst, in der sie noch so unerfahren waren,
die Jungen groß und stark zu ziehn.

Erstinformation:

Stereotype

Vielleicht, hub von den Affenmüttern
die weiseste bedächtig an,
vielleicht, ich sag es voller Zittern,
wächst unsere Jugend bloß darum so siech heran,
weil wir sie gar zu wenig füttern.
Vielleicht ist auch der Mangel an Geduld,
sie sanft zu wiegen und zu tragen
vielleicht auch unsere Milch an ihren Fiebern schuld.
Vielleicht auch schwächt das Obst den Magen.

Hypothesenbildung:

*Hinweise für die Datenbeschaffung –
psychogene Faktoren*

Vielleicht ist selbst die Luft, die unsere Kinder trifft –
wer kann sie vor der Luft bewahren?
Ein Gift in ihren ersten Jahren;
und dann auf Lebenszeit ein Gift.
Vielleicht ist, ohne dass wir's denken,
auch die Bewegung ihre Pest.
Sie könnten sich durch Springen und durch Schwenken
oft etwas in der Brust verrenken,
wie sich sehr leicht begreifen lässt;
denn unsre Nerven sind nicht fest.

Bildung neuer Hypothesen:

*Interpretation durch vermutete
Dispositionen – somatische Faktoren?*

Hier fängt sie zärtlich an zu weinen,
nimmt eins von ihren lieben Kleinen,
das sie so lang und herzlich an sich drückt ...

bis ihr geliebtes Kind erstickt.

***Eigendynamik der Diagnose
(„Self-fullfilling prophecy"):***

*Imbalance im System
mit fatalen Folgen*

Bei *Baacke* findet sich folgende schematische Darstellung des „Ökosystems" und der Bezugsgruppen, die deutlich aufzeigt, dass die oben angesprochene Gefahr einer Überdramatisierung für das verhaltensschwierige Kind mit zunehmendem Alter immer größer wird.

„Es ist ein Irrtum zu glauben, Kinder würden relativ vorbehaltlos, jedenfalls ohne starke Beobachtung des Verhaltens der anderen, die Situation, in der sie sich gerade befinden, akzeptieren. Sind Kinder erst einmal in die Mühlen der Diagnose und therapeutischen Beratung (manchmal mit ihren Eltern, ihren Geschwistern, manchmal auch ganz allein) geraten, so verstärkt sich durch den *alltäglichen Umgang* ein negatives Selbstbild. Diejenigen, die ihnen eigentlich ‚helfend' zur Seite stehen, bedrohen gleichzeitig, weil sie ‚es wissen', die kindliche Unbefangenheit und den Spielraum seiner spontanen Reaktionen" (*Baacke, D.*, 6. Aufl., 1995, S. 306):

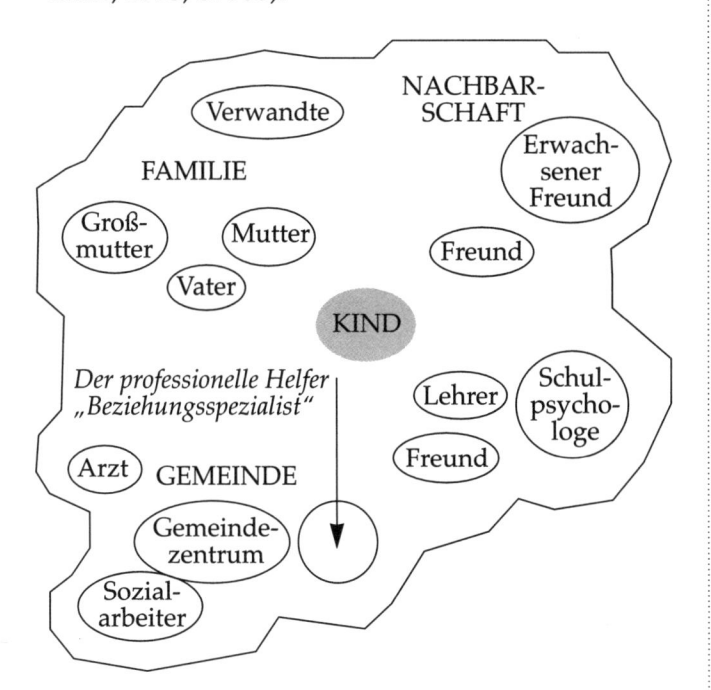

Schematische Darstellung des „Ökosystems" sowie der Bezugsgruppen (und dazugehörigen Personen), die sich um das „gestörte" Kind kümmern, es aber auch bekümmern (Salzinger, S., u. a. 1980, S. 275).

Auf das damit verbundene Problem der Entwicklungsunterschiede des moralischen Bewusstseins zwischen Kindern und Erwachsenen weist *Baacke* hin, indem er resümiert:

„Es liegt auf der Hand, dass Kinder, die wegen kleiner Diebstahlsdelikte oder aggressiver Handlungen Beachtung finden, noch stärker stigmatisiert werden. Das, was für sie nur Spiel war, wird plötzlich als kriminelle Handlung *definiert* – nicht von den Kindern selbst, aber von Personen, die die Macht haben, ihre Handlungen zu klassifizieren und zu ihnen Stellung zu nehmen. *Erst auf diese Weise kann das Kind ein Selbstbild entwickeln, zu dem Delinquenz als von der Person ablesbarer Bestandteil gehört.* Es internalisiert die Definitionen der anderen und kommt ihnen, in einer Art von „self-fulfilling prophecy", auch nach. Pointiert ausgedrückt: Gerade bei Kindern, die noch keine reflexiven Gegenstrategien besitzen, können die Dinge, die man über sie sagt, und die Art und Weise, wie man auf sie reagiert, ihr noch im Wachstum befindliches Ich beschädigen." (*Baacke, D.*, 6. Aufl., 1995, S. 307)

Zusammenfassend kann also festgehalten werden, dass eine weitere Chance in folgender Tatsache besteht:

> Je aufgeschlossener, neugieriger, faszinierter wir dem Phänomen der Jugend als Erwachsene gegenüber bleiben, je eher wir bereit sind, alters- und entwicklungstypische Verhaltensweisen jüngerer Menschen zu akzeptieren, desto größer werden auch die Möglichkeiten zur Verminderung des Leidensdruckes aller Betroffenen.

3.2.2. Chance „Exploration statt Ursachenerhebung"

Die Schwierigkeiten des Zurechtfindens im Dickicht des „Ursachendschungels" wurden schon recht eingehend behandelt. An dieser Stelle sollen nun noch einige Überlegungen angestellt

werden, die die Motivation verstärken könnten, immer dann wieder von vorne und ganz neu alles zu überdenken, wenn Verhaltensschwierigkeiten zu gravierenden Beeinträchtigungen einer oder gar mehrerer Personen geführt haben. Wir wollen Überlegungen zu folgenden Punkten anstellen:
Was passiert, wenn's nun einmal passiert ist?
Was muss passieren, dass es nicht noch einmal, zumindest nicht immer wieder passiert?

3.2.2.1. Soziale Wahrnehmungsfehler

Eine erste Chance, das Problem besser in den Griff zu bekommen, besteht darin, sich die möglichen sozialen Wahrnehmungsfehler in Erinnerung zu rufen, die durch die stets subjektive Sicht eines Kindes oder dessen Verhaltens bei den explorativen Maßnahmen passieren können.

Einige der im Folgenden kurz beschriebenen Fehlhaltungen sozialer Wahrnehmung werden uns natürlich trotz bester Vorsätze immer wieder unterlaufen. Dennoch ist es gut, sich gerade in Situationen, in denen man von den Verhaltensschwierigkeiten eines Kindes stark betroffen ist, an die wissenschaftlich belegten Wahrnehmungsprobleme zu erinnern, die besonders in diesen Krisensituationen beim sozialen Wahrnehmen leicht entstehen können.

- Unsere Wahrnehmung ist von zwei Prinzipien gekennzeichnet: der Selektion und der Inferenz. Wir nehmen nur einen Ausschnitt wahr und ergänzen ihn aufgrund unserer Vorerfahrungen.

- Wir meinen, dass bestimmte Persönlichkeitsmerkmale automatisch zusammen auftreten (= implizite Persönlichkeitstheorie). Wenn wir also jemanden als intelligent einschätzen, glauben wir automatisch, dass er auch höflich und in Gruppen anerkannt ist.

- Wir halten unsere eigenen Ansichten und unser eigenes Verhalten für weit verbreitet, also für „normal". Alles, was davon abweicht, sei nicht „normal".

- Wir versuchen zu erklären, wie menschliches Verhalten zu Stande kommt. Wir haben dafür zwei Erklärungsansätze (= Attributionstheorien):
  1. interne Faktoren wie Fähigkeiten, Eigenschaften,
  2. externe Faktoren wie Situationen, sachliche Gegebenheiten.

Wir schätzen die Wirkung der internen Faktoren meist höher ein.

- Je nachdem, ob uns Menschen sympathisch oder unsympathisch sind, haben wir unterschiedliche Erklärungen für ihr Verhalten. Auch Erfolg und Misserfolg erklären wir uns anders: Bei sympathischen Menschen erklären wir Erfolg mit internen Faktoren (Anstrengungen, Intelligenz) und Misserfolg mit externen (Pech, schlechtes Wetter). Bei unsympathischen tun wir das Gegenteil: Erfolg wird der Gunst des Augenblicks, dem Glück zugeschrieben. Der Misserfolg der mangelnden Anstrengung oder Fähigkeit.

- Was wir an uns selbst nicht wahrnehmen oder nicht sehen wollen (= blinder Fleck), projizieren wir gerne auf andere. Dort bekämpfen wir es umso mehr.

- Lautes, aktives Verhalten bezeichnen wir doppelt so häufig als auffällig wie leises, depressives.

- Die erste und die letzte Beobachtung werden schwerer gewichtet als alles dazwischen (= Positionseffekt). Negative Eindrücke gewichten wir stärker.
- Unsere Wahrnehmung ist anders, wenn wir ältere Geschwister kennen. Sind diese gute Schüler und Schülerinnen, werden jüngere Geschwister eher gut beurteilt. Jüngere Geschwister von schlechten Schülern und Schülerinnen haben schlechtere Chancen.
- Mädchen und Buben werden unterschiedlich wahrgenommen:
  1. Mädchen werden weniger wahrgenommen und beachtet als Buben.
  2. Mädchen und Buben werden unterschiedlich in ihren Stärken und Schwächen bewertet.
- Lehrer und Lehrerinnen nehmen wesentlich häufiger Buben dran.
- Die Wahrnehmung im Raum verbreitet sich T-förmig von der Mitte vorn nach rechts und links hinten.

(Vgl.: Broschüre Soziales Lernen, /BUMI f. UK)

3.2.2.2. Wichtige Fragen stellen – Problemstrukturierung

Wenn wir, angesichts des Auftretens einer starken Beeinträchtigung durch Verhaltensauffälligkeiten oder -störungen, die Chance nützen, alles von Beginn an nochmals neu zu überdenken, Beobachtungen, Gespräche, Materialsichtungen, etc. durchzuführen, wenn wir also im besten Sinne des Wortes Exploration betreiben, ist es wichtig, sich für diese Aktivitäten auch positiv zu motivieren. Die beste und zugleich immer noch die einfachste Form der Motivation ist wohl die Organisation einer „Aussicht auf Erfolg", und daher ist es zweifellos sinnvoll, in die Vielfalt und Vielzahl von Explorationsmöglichkeiten eine gewisse Struktur zu bringen. Dies geschieht am einfachsten durch die Erstellung eines Fragenkatalogs und die anschließende Strukturierung und Ordnung der Fragen in einer Rangreihe, je nach Dringlichkeit der jeweiligen Explorationsziele. Aber auch zeitökonomische Aspekte können die Erstellung dieser Rangordnung beeinflussen. So wird beispielsweise die Nachjustierung von ohnehin schon längere Zeit bekannten und kaum veränderten Anamnesedaten gleich zu Beginn einer Explorationsphase geschehen, weil dafür einerseits wenig Zeit aufgewendet werden muss und andererseits das nicht zu unterschätzende Erfolgserlebnis, immerhin schon etwas „weitergebracht" zu haben, erlebt werden kann.

Eine Frageliste hier vorzugeben, die allen möglichen Ansprüchen eines Explorationsvorhabens als Ausgangspunkt dienen könnte, ist natürlich unmöglich, und auch die Reihenfolge muss an die jeweiligen Situationen des Auftretens von Verhaltensschwierigkeiten angepasst werden. So soll hier nur ein Vorschlag für eine Art Checkliste mit Fragestellungen gemacht werden:

1. Worum geht es?
2. Wie schwer trifft mich das?
3. Was muss sofort geschehen?
4. Wie gehe ich's am besten an?
5. Was würde ein Experte dazu meinen?
6. Warum und wozu ist der Konflikt aufgetreten?
7. Was muss ich noch in Erfahrung bringen?
8. Wie sieht das Ganze für die anderen – in ihrer Perspektive – aus?
9. Was soll erreicht werden?
10. Welche Möglichkeiten habe ich?
11. Was hilft optimal?
12. In welcher Reihenfolge gehe ich's an?
13. Was stört mich?
14. Wen störe ich?
15. Was muss entstört werden?

(Vgl.: *Sedlak, F.*, Hrsg., 1994, S. 144)

3.2.2.3. Gedanken zum Einsatz von Explorationsmethoden

Die Beantwortung der Frage, welche Methoden geeignet sind, Daten über einen verhaltensauffälligen oder -gestörten Menschen bzw. über Sachverhalte und Rahmenbedingungen einzuholen, diese Daten auszuwerten, um später sinnvolle Handlungsorientierungen und -entwürfe daraus ableiten zu können, würde mehrere eigene Bücher füllen. Dankenswerter Weise haben sich viele Autoren dieser Frage wirklich ausführlichst gewidmet. Von jenen sollen hier nur beispielhaft *Ledl, V.:* „Kinder beobachten und fördern", 1994, sowie *Altrichter, H.* und *Posch, P.:* „Lehrer erforschen ihren Unterricht", 1990, erwähnt werden. Hingewiesen sei hier allerdings doch auf einige spezielle Aspekte der Explorationstätigkeit, die in der Praxis immer wieder nur allzu leicht vernachlässigt werden:

- Es sollte stets versucht werden, Personen, Sachverhalte, Schwierigkeiten, etc. aus einer möglichst ganzheitlichen Sicht zu erforschen!
- Zu einzelnen Personen oder zum Geschehen sollten stets aus der Sicht mehrerer BeobachterInnen Daten erhoben werden!
- Die verhaltensauffällige oder gestörte Person sollte, wo immer dazu eine Möglichkeit besteht, an der Exploration aktiv beteiligt, also miteinbezogen werden! (Selbstexploration)
- Der „ethische Code", also ein äußerst vorsichtiger Umgang mit Erhebungsmethoden oder Ergebnissen, muss unbedingt eingehalten werden! (Anonymität)
- Das natürliche Neugierdeverhalten der Menschen sowie ihr natürliches Interesse am Versuchs-Irrtumslernen und am Entdeckenden Lernen sollten als Motivationssteigerung genützt werden!
- Statt trockener, als „Ausfrage-" und „Bespitzelungsmethoden" erlebter Formen sollten Explorationstechniken mit „spielpädagogischem Touch" aus den Bereichen der Interaktions- und Kooperationstechnik verwendet werden!
- Erhobene Daten sollten unbedingt gemeinsam analysiert, zumindest aber die Analyse allen Betroffenen gegenüber offengelegt und daraus stets gemeinsam adäquate Handlungsorientierungen und -entwürfe abgeleitet werden!
- Viele Explorationstechniken können und sollten auch als Übungs- und Trainingseinheiten kontinuierlich eingesetzt werden, wobei für Variationsvorschläge aller Beteiligten Platz eingeräumt werden sollte (z. B. Wahrnehmungsleistungserhebungen, Videobeobachtungen, Tagebücher, Verstärkerlisten u. Ä.)!

Natürlich wäre es jetzt gut, jeden einzelnen dieser Punkte zu konkretisieren. Dies ist aber aus Platzgründen, wie schon erwähnt, nicht zufriedenstellend und umfassend möglich. Trotzdem soll auf jene konkreten Beispiele aus der Fülle der Explorationsmethoden kurz eingegangen werden, die im Umgang mit verhaltensschwierigen Kindern besonders große Chancen bieten, die Schwierigkeiten auch besser zu verstehen und sie in der Folge vielleicht besser zu bewältigen.

3.2.2.4. Datenerhebung zur Verbesserung der ganzkörperlichen Sicht

Gemeint sind hier Erhebungen, die Daten über das motorische, das Wahrnehmungsverhalten, die körperliche Geschicklichkeit, mögliche Hemisphärendominanzen u. v. m. liefern. Immer wieder stellt sich in der Praxis nämlich heraus, dass eine Imbalance im Verhalten von starken motorischen Unausgeglichenheiten begleitet oder sogar durch diese verursacht wird. Daten über Ernährungs- und Schlafgewohnheiten, etwa erhoben über „Ess- oder Traumtagebücher", liefern oft gute Ansätze, Verhaltensschwierigkeiten zu begegnen. Auch Lerntypenfeststellungen oder Methoden, die Auskünfte über die gewichtete, verteilte oder selektive Aufmerksamkeitsleistung liefern, bieten den Kindern wie auch deren Eltern und Lehrpersonen Chancen, durch sinnvolle Maßnahmen der Vermeidung von Über-, aber auch Unterforderungen Verhaltensschwierigkeiten zu verringern.

3.2.2.5. Datenerhebung zu Werthaltungen und Bedürfnissen

Natürlich glaubt jeder erziehlich tätige Erwachsene, die Bedürfnisse und Werthaltungen der ihm anvertrauten oder der eigenen Kinder zu kennen. Umso überraschender fallen dann in der Praxis immer wieder die Ergebnisse von sozio- oder psychographischen Erhebungen für uns aus. Dabei lassen sich gerade Bedürfnisse und Werthaltungen mit vielfältigsten, nur wenig zeitaufwendigen Methoden leicht erheben. Die Gelegenheit, von Kindern und Jugendlichen immer wieder neu zu erforschen, wie ihre Interessenslagen aussehen, welche Werte für sie gerade von besonderer Bedeutung sind, und damit letztlich auch Ansatzpunkte dafür zu finden, womit wir ihr Verhalten eventuell positiv verstärken könnten, wird viel zu wenig genützt. Dabei ist es wirklich ganz einfach, positive Verstärker von den Kindern in regelmäßigen Abständen auflisten zu lassen oder mittels einfacher Techniken des Blitzfeedbacks einzuholen. Selbst in Bereichen der fragwürdigen negativen Verstärker wird ja oft mit äußerst untauglichen Mitteln agiert. Ein Kind etwa, das aufgrund seiner überrepräsentativen Erfahrungen mit lautstarkem Tadel durch Anschreien zur Räson gebracht werden soll, wird zweifellos am völlig falschen Bahnhof erziehlich abgeholt, auch wenn sein Verhalten zu noch so empörenden stimmlichen Reaktionen berechtigen würde. Dasselbe gilt für jede Art von Lob und Tadel.

> Kein Ertrag bei Verstärkung oder Auslöschung eines Verhaltens, wenn Art und Intensität möglicher Verstärker nicht genau bekannt sind!

Sich hier nur auf sein gutes „Gefühl" oder den „guten Glauben" zu verlassen, entspricht nicht nur keinesfalls den Methoden professionellen erziehlichen Vorgehens, sondern ist, gemessen am schulischen und familiären Erziehungsauftrag, als grob fahrlässiges Handeln einzustufen.

3.2.2.6. Datenerhebungen strukturiert und kontrolliert organisieren

Niemand käme auf die Idee, ein Buch über „die Probleme des Wiederbestattungskultes in Madagaskar" schreiben zu wollen, obwohl er darüber nur einiges Bruchstückhaftes gehört hat und auch niemals in diesem Land gewesen ist. Es bedarf selbstverständlich eines ausführlichen Literaturstudiums, um eine derartige Aufgabe lösen zu können, und einige Besuche der Insel Madagaskar zur Beschaffung von Daten, Fotos, Filmaufnahmen, Interviews, etc. würden die Lösung dieser Problemstellung zweifellos erleichtern, wie jeder einsehen wird. Leider wird, wenn es um Verhaltensschwierigkeiten mit Kindern oder Jugendlichen geht, oft anders gedacht. Die Möglichkeit, das Problem in strukturierter, kontrollierter Form anzugehen, wird oftmals nicht ausreichend bedacht. Statt den KollegInnen XY immer wieder klagend im Konferenzzimmer von negativen Erfahrungen mit einem gewissen Schüler Z zu berichten und dabei womöglich auch noch die unglaublich aufbauenden Antworten zu hören: „Also ich weiß nicht, ich habe mit Z keine Probleme!", wäre es einfacher, eine Kollegin um die Erfüllung eines strukturierten Beobachtungsauftrages zu bitten. Diese könnte etwa die Sprechhäufigkeit oder die Arbeitszeit des Schülers Z während einer Unterrichtsstunde und Ähnliches beobachten, indem sie entweder anlässlich einer Hospitation Aufzeichnungen macht oder vielleicht mit der Klassenlehrerin gemeinsam eine strukturierte Videoauswertung vornimmt. Maßnahmen dieser Art zu organisieren, beansprucht jedenfalls nicht mehr Zeit als zehn Gespräche der vorhin beschriebenen Art während der Unterrichtspausen. Diese Maßnahmen beinhalten allerdings die Chance, durch gemeinsame Nachkontrollen der Beobachtungsdaten Erkenntnisse über das eigene Verhalten und dasjenige des Schülers Z oder über bisher vielleicht im Zusammenhang mit dem Problem noch gar nie beobachtete Faktoren zu gewinnen. Der einzige Problemfaktor, der bei einem derartigen Vorgehen auftreten könnte, ist die Tatsache, dass es bei der Beobachtung eines Unterrichts- oder auch Erziehungsgeschehens natürlich gewisse Grundregeln zu beachten gilt, die darum am Ende dieses Kapitels kommentarlos aufgelistet werden. Gleichzeitig soll aber auch noch ein Beispiel dafür gegeben werden, wie derartige Hospitationsaufzeichnungen keinesfalls aussehen sollten.

1. Guter Einstieg! Schüler sind motiviert.
2. Ablenkung durch Lehrer.
3. Fragen nicht wiederholen!
4. Immer dieselben kommen dran!
5. Tafelschrift.
6. Interessante Aufgabe.
7. Leerlauf vermeiden!
8. Stillarbeit kontrollieren!
9. Hausaufgabe wirkt künstlich!

So nicht!

Worauf sollen Sie achten, wenn Sie ein brauchbares Unterrichtsprotokoll schreiben wollen?

- Sammeln Sie so viele Informationen, wie Sie können!
- Beschreiben Sie, was passiert, und zwar so genau wie möglich!
- Beurteilen Sie nicht schon während des Protokollierens, was interessant/uninteressant, gut/schlecht, wichtig/unwichtig ist; verschieben Sie dies auf später.
- Notieren Sie so oft wie möglich, was Lehrer oder Schüler wörtlich sagen.
- Beschreiben Sie das Verhalten, statt das Verhalten zu interpretieren („Schüler weint" statt „Schüler ist traurig").
- Verwenden Sie für häufig auftretende Wörter Abkürzungen (L = Lehrer, S = Schüler, SS = mehrere Schüler, T = Tafel, HA = Hausaufgaben usw.)
- Notieren Sie, welche Aufgaben den Schülern gestellt werden, was der Lehrer oder die Schüler an die Tafel schreiben, welches Buch gelesen wird, welche Seite dran ist usw.
- Notieren Sie Beispiele aus Schülerarbeiten, statt nur Urteile abzugeben (z. B. Fehler notieren, die Sie in den Heften der Schüler beobachten, statt: „Schüler können es nicht.").
- Lesen Sie Ihr Protokoll noch einmal sorgfältig durch, wenn die Unterrichtsstunde vorbei ist, um Fehler zu berichtigen und Ergänzungen anzubringen.
- Schreiben Sie kein Protokoll zum Wegwerfen, sondern sammeln Sie Ihre Unterrichtsprotokolle. Sie können Sie später vielfältig nutzen.
- Notieren Sie auch Ihre eigenen Ideen, wie bestimmte Dinge geschickter gemacht werden können. Man muss aber später aus dem Protokoll erkennen, welches Ihre Ideen sind, und was den tatsächlichen Unterricht betrifft.
- Notieren Sie sich manchmal zu einem beschriebenen Verhalten, wie es auf Sie gewirkt hat (freundlich/unfreundlich, ermutigend/entmutigend usw.). Dies kann gut beim nachträglichen Durchlesen geschehen.

Protokoll	Kommentar

Abschließend kann auch für dieses Kapitel festgehalten werden:

> Je größer die Schwierigkeit im Umgang mit dem Verhalten eines Kindes oder Jugendlichen geworden ist, desto größer ist die Chance, durch die Anwendung vielfältiger und interessanter Explorationsmethoden den Umgang mit dem Konflikt zu erleichtern, indem zentrale Konfliktpunkte erhellt und soziale Wahrnehmungsfehler möglichst vermieden werden, statt verzweifelt im Dickicht eines Ursachendschungels vergeblich nach Erklärungen für die eigenen Frustrationen zu suchen.

3.2.3. Chance „Kooperation"

An dieser Stelle soll nochmals mit Nachdruck darauf hingewiesen werden, dass es keinen wirklich längerfristigen Ertrag durch Maßnahmen gibt, wenn der Umgang mit Verhaltensschwierigkeiten isoliert und abgekapselt erfolgt. Kooperatives Vorgehen beinhaltet nicht nur die weit besseren Chancen auf Erfolg, sondern auch die Chance, durch die Aufteilung des Leidensdruckes auf mehrere Personen diesen sozusagen „verfahrensbedingt" zu mildern. *Sedlak, F.* fasst wichtige Bausteine eines derartig kooperativen Vorgehens zusammen und nennt auch die dafür hilfreichen Bedingungen:

3.2.3.1. Die Bausteine eines solidarischen Models nach Sedlak

- *„Statt Dressur wird Bemühung um Einsichtigkeit gesetzt!* (Klärung von Voraussetzungen, Bedingungen, Normen, Zielsetzungen. Transparenz statt Geheimpläne oder -botschaften.)
- *Vermeiden von Etikettierung Einzelner zu Störern!* (Stattdessen wird die Beziehung untereinander als eventuell angespannt oder sogar gestört diagnostiziert und behandelt.)
- *Bemühung um Einfühlung in den anderen!* (D. h. Einfühlung in den Standpunkt, die Haltung, die Wertewelt, in die Gefühlslage – soweit diese Einfühlung möglich ist und zugelassen wird.)
- *Bemühung um Dialog!* (Entwicklung kann niemals einseitig vor sich gehen. Sie erfordert beständigen Austausch.)

- *Engagement für die Gemeinschaft, aber auch Motivation der Gemeinschaft zum Engagement für jeden Einzelnen!* (Die wechselseitige Beziehung muss sich handlungsmäßig äußern.)

- *Leistungsbereitschaft – als Arbeit an sich selbst und als Arbeit an der und für die Gemeinschaft.* (Über- oder Unterforderungen erzeugen Leistungsfeindlichkeit. Angemessene Aufträge oder Impulse motivieren zum eigenen Beitrag.)

- *Partnerschaft trotz Generations- und Funktionsunterschieden.* (Eine ausbalancierte Beziehung erfordert ein gegenseitiges Geben und Nehmen. Eine Beziehung, in der beide nur nehmen oder beide nur geben wollen, ist zwar auch symmetrisch, aber durch Machtkampf, Konkurrenz, Konsumentendenken bedroht. Eine Beziehung, bei der immer nur der eine gibt und immer nur der andere nimmt, zeigt zwar die Bereitschaft zur Ergänzung, zur Komplementarität, aber sie zementiert bestimmte Machtverhältnisse. Langfristig ist Symmetrie nur bei wechselnder Komplementarität der Beziehungspartner möglich – auch wenn Alter und Aufgabe Unterschiede in dem bewirken, was jeder geben oder nehmen kann.)

- *Konfliktlösung statt Konfliktvermeidung!* (Keine Harmonie bekunden, wenn keine besteht. Man kann in einen faulen Scheinfrieden ausweichen, sich selbst entmündigen [die anderen werden sicher besser wissen als ich, was hier und jetzt gut ist], man kann sich in eine ‚heile Clique' flüchten oder auf eine Insel der Tagträume; oder man versucht, die unterschiedlichen Aufgaben und Bedürfnisse auszusprechen und Möglichkeiten ihrer Verknüpfung zu finden.)

- *Zusammenwirken von Einzelpersönlichkeiten mit all ihren Verschiedenheiten statt Gleichmacherei und Anpassungsdruck!* (Wo die Gefahr besteht, unter die Räder einer Abstimmungsmaschinerie zu geraten; wo man sich selbst verleugnen müsste, dort hat der Einzelne das Recht, sich für sich selbst und den eigenen persönlichen Standpunkt einzusetzen, auch wenn dies zu einer Trennung von den anderen führen kann. Solidarisch sein heißt auch solid, d. h. fest, ganz, zuverlässig, sich selbst treu sein. Angst vor Vereinsamung darf nicht zum Verlust der eigenen Persönlichkeit führen. Vereinzelung soll aber andererseits niemals zur Absage an die Gemeinschaft an sich werden. Der Rückzug zu manchen Zeiten oder aus manchen Gruppierungen bedeutet nicht notwendig die Heimkehr zum Egoismus. Oft kann man gerade aus der Distanz Entscheidendes für alle beitragen und bewirken. Wichtig ist die solidarische Grundgesinnung, aber nicht das zwingende Zusammenhocken und Meinungsvereinheitlichen. Einsamkeit und Gemeinsamkeit geben ein gutes Paar ab!)

- *Nach Werten streben statt nach Geltung!* (Geltungsdrang sucht nach einer Trennungslinie zwischen sich und anderen, man will sich von den anderen abheben. Werte werden umso wertvoller [nicht nur erlebt, sondern gelebt], je mehr sie geteilt werden. Im Geltungsdrang macht jeder aus seinem Ich einen Götzen und die anderen zu vermeintlichen Anbetern oder Feinden. Werte verwirklichen – wirkliche Werte – macht die Wirklichkeit für alle wertvoller!)

- *Balance muss immer wieder erkämpft werden.* (Man kann sich nicht auf Verordnungen, Verfügungen, Paragraphen ausrasten.)" (Sedlak, F., 1992, S. 45 – 49)

3.2.3.2. Hilfreiche Bedingungen für das solidarische Modell nach Sedlak

- „Bemühen um die eigene seelische Balance. (Manchmal muss man erst sich selbst helfen lassen, bevor man anderen ausreichend helfen kann. Sorge um die eigene Psychohygiene ist unerlässlich.)

- Der gute Wille und das nötige Know-how. (Keine Beziehungsstrategie funktioniert automatisch – unsere positive innere Bereitschaft ist entscheidend. Manchmal ist der gute Wille allein zu wenig – verschiedene Beziehungsprobleme sind nur lösbar, wenn man ihre Wurzeln kennt oder die notwendigen Informationen zu ihrer Bewältigung einholt.)

◆ Denken in Beziehungs- und Wirkungssystemen anstatt in mechanischen Ursache-Folge-Linien. (Man kann einem Ball einen Stoß geben, er wird mehr oder minder die geplante ‚Reaktion' zeigen; ob man dieselbe eindeutige Reaktion bei einem Hund erwarten kann? Und wie wird der nächste Mitmensch, dem ich einen Stoß versetze, darauf reagieren? Im Austausch mit Lebendigem gibt es ungemein vieles, was nicht der starren Ursache-Folge-Mechanik gehorcht, sondern ‚unberechenbar' ist. Abgesehen davon gibt es keine Ursache, die nicht selbst schon wieder Folge einer anderen Ursache ist. Und es gibt keine Folge, die nicht selbst wieder zur Wirkung für anderes wird. Jede Handlung hat direkte und indirekte Wirkungen, Effekte auf Einzelnes, aber auch Netzeffekte. Was wir anderen tun, fügen wir letztlich uns selber zu.)

◆ Die Suche nach einer gemeinsamen Sprache und einem gemeinsamen Thema! (Da alles, was wir tun, reden, zeigen, auf unterschiedlichste Weise beim andern ‚ankommen' kann; da jeder aus einer Vielzahl möglicher Bedeutungen eine persönliche Auswahl trifft, erfordert wirkliche Kommunikation einen Anlaufprozess, bis man besser versteht, was der andere wirklich meint. Auch Situationen, Probleme können aufs Unterschiedlichste interpretiert werden. Daher muss man sich darüber einig werden, was man aus der Fülle aufgreift und zum Thema macht.)

◆ Das richtige ‚Wo?' zum geforderten ‚Was?' suchen! Kontextbewusstsein! (Ein- und dasselbe Verhalten kann in einem bestimmten Rahmen angemessen und in einem anderen völlig unangemessen sein. Lautes ‚Herausschreien' kann hier eine Verhaltensauffälligkeit sein, während es dort eine Zivilcourage bedeutet.)

◆ Die Grenzen zwischen den einzelnen Personen in einer Gemeinschaft und die Grenzen zwischen einzelnen Gemeinschaften sind notwendig zur Identitätsbildung. Aber sie sollen wie Türen sein, die man verschließen und öffnen kann. Abgesperrte Räume verfallen, nicht abgrenzbare Räume lösen sich in einen unterschiedslosen ‚Einheitsraum' auf. Ob in konfliktfreien oder in konfliktbeladenen Phasen: Es muss so viel gegenseitige Bindung (Kohäsion) da sein, dass sich ein Wir-Gefühl aufbauen und erhalten kann; aber es muss auch so viele Abgrenzungen geben dürfen, dass sich das Ich bzw. Selbst des Einzelnen nicht völlig im Wir auflöst. Nähe und Distanz sind jeweils optimal auszubalancieren!

◆ Es ist wichtig, dass zwischen dem, was man tun muss, um vor sich selbst Achtung zu haben, und dem, was man tun muss, um in der jeweiligen Gemeinschaft geachtet zu werden, eine größtmögliche Übereinstimmung besteht. (Es sollten daher auch Diskussionen darüber möglich sein, was jeder Einzelne unter einem positiven Selbstwert[-gefühl] versteht.)

◆ Sich selbst und anderen positive und negative Gefühle zuzugestehen, geeignete Ausdrucksmöglichkeiten zu bieten, anstatt Gefühle zu unterdrücken, verhindert gefühlsbedingte Störungen und hält die Beziehung am Leben.

◆ Mut zur fehlerhaften Lebendigkeit anstelle toter Perfektion! (Fehler machen dürfen, erleichtert die Spontaneität, erhöht die gegenseitige Freude am Experimentieren, erleichtert das Auspendeln von optimalen Balancebedingungen für die Beziehungen in der Gemeinschaft.)

◆ Mut zur Veränderung und zur Bewahrung! (Flexibler Wandel und lebendige Konstanz gehören zusammen und stehen im Gegensatz zu einem sprunghaften, konzeptlosen, ‚treulosen' Handeln ‚ohne roten Faden' bzw. zu einem starren Festklammern am Bisherigen.)"
(*Sedlak, F.*, 1992, S. 45 – 51)

3.2.4. Chance „Zukunftsorientierung statt Wühlen in der Vergangenheit"

An dieser Stelle soll daran erinnert werden, dass eine der meistverbreiteten negativen Begleiterscheinungen im Umgang mit Konflikten zwischen Menschen die Tendenz ist, nachtragend zu handeln. Schon am Beginn dieses Buches wurde an die Feststellung *Jean-Paul Sartres* erinnert, dass es nicht so sehr darauf ankäme, was man aus uns gemacht habe, als vielmehr auf das, was wir selber aus dem machen, was man aus uns gemacht habe. Aber auch für Kinder und Jugendliche, deren Verhalten uns Schwierigkeiten bereitet, muss gelten, dass sie, unabhängig von unseren bisherigen Erfahrungen mit diesen Kindern, zuallererst an ihrem aktuellen und nicht an ihrem früheren Verhalten gemessen und beurteilt werden. Wir müssen gemeinsam jede Chance nützen, mit diesen Menschen Negatives aus der Vergangenheit durch Positives, für die Zukunft Geplantes, zu ersetzen. Es gibt zweifellos Indizien dafür, dass Schule LehrerInnen krank macht, es ist ferner unbestritten, dass *Erwin Ringel* mit seiner Vermutung, immer mehr Jugendliche würden unter einer „Unterernährung" an Werten leiden (vgl. *Ringel, E.*, 1993, S. 68) recht nahe bei der Realität liegt, und soeben verkündet der Radiosprecher in den Nachrichten die Ergebnisse einer Untersuchung des Salzburger Erziehungswissenschaftlers *Krumm*, derzufolge jeder zweite österreichische 13- bis 14-Jährige sich von LehrerInnen im Sinne des Begriffes „Mobbing" herabgesetzt und respektlos behandelt fühlt.

Allen Betroffenen am Erziehungsgeschehen, den jungen Menschen wie auch ihren Eltern und LehrerInnen könnte den wissenschaftlichen Befunden nach also etwas vorgeworfen werden, und ebenso lässt sich nachweisen, dass auf allen drei Gruppen ein enormer Leidensdruck lastet. Doch das Wühlen in der Vergangenheit, das Aufzeigen von Hypotheken, das „Verantwortungszuschreibungs-Ping-Pong-Spiel", die Methode, nach den Hauptschuldigen zu suchen, bringt eine Fülle von Gefahren mit sich. Dringend notwendige Veränderungen scheitern oft gerade durch solche Schuldzuschreibungen, da sie Reaktionen der Resignation, des Erstarrtseins und der hilflosen Handlungsgehemmtheit verstärken. Kinder und Jugendliche, die LehrerInnen oder Eltern als Hauptschuldige vorgesetzt bekommen, Eltern, die ein medienverseuchtes und durch inadäquate schulische Leistungsanforderungen zerstörtes

VERGANGENHEIT   GEGENWART   ZUKUNFT

Werte- und Einstellungsgefüge Jugendlicher als gegeben annehmen dürfen, und LehrerInnen, denen man Munition zur Rechtfertigung liefert, indem familiäre Erziehungsverwahrlosung und allgemeiner Verlust der Arbeitshaltung und des Leistungsstrebens, gepaart mit Unterernährung an Werten auf der SchülerInnenseite bestätigt werden, „verführt" man so gerade dazu, in allen diesen Hypotheken wühlend, die Schuld überall (anderswo, als bei sich selbst) zu suchen, anstatt positiv und zukunftsorientiert die Möglichkeiten gemeinsamen Handelns auszuloten. Auf praktische Möglichkeiten, wie das Erstellen von Programmen oder Verträgen im kooperativen Sinn, wird im Praxisteil eingegangen.

Zusammenfassend lässt sich wieder festhalten:

> Je vielfältiger die Schuldanteile am Auftreten von Verhaltensstörungen und Konflikten in der Schule, der Familie oder anderen sozialen Gefügen sind, desto komplexer wird auch eine halbwegs korrekte Gewichtung. Überhaupt besteht die Chance schlechthin, mit Konflikten und Störungen besser umgehen zu können, darin, ganz konkrete Schritte für die Gegenwart und Zukunft gemeinsam festzulegen, anstatt angesichts von Negativsichtweisen aus der Vergangenheit in inaktiver, isolierter Hilflosigkeit zu erstarren.

3.2.5. Chance „Entwürfe statt Konfliktlösung"

Es ist zweifellos verlockend, beim Auftreten von Verhaltensauffälligkeiten folgende Denkweise einzuschlagen. Analysiere das Problem, finde seine Ursachen heraus und bringe die Sache in Ordnung!

Natürlich ergibt diese Denkweise einen Sinn und ist handlungsorientiert. Für diese Handlungsorientierung haben wir ja nun schon einige Pro-Argumente angeführt. Aber unglücklicherweise, und das wurde auch schon einige Male betont, ist dieses „Beseitige-die-Ursache-Idiom" recht unzulänglich.

3.2.5.1. Das Problem der Fixierung auf Lösungen

Zuerst einmal lässt sich die Unzulänglichkeit schon mit der Tatsache erklären, dass es uns bei komplexen interaktiven Situationen – und Verhaltensstörungen fallen immer in diese Kategorie – niemals gelingen kann, *eine* Ursache aus der großen Anzahl wechselwirksamer Faktoren herauszulösen und zu isolieren, weshalb sich auch in anderen Bereichen, zum Beispiel der Medizin, der Fortschritt sofort verlangsamt, wenn man einmal die „einfachen Krankheiten" erledigt hat. Bei Krebs oder etwa AIDS usw. besteht im Gegenteil sogar die Gefahr, die eben auch in Konfliktsituationen vorhanden ist, dass an einer zu speziellen Ursache, die leicht zu identifizieren ist und sich möglicherweise sogar geradezu „aufdrängt", festgehalten wird und andere mögliche Ursachen ignoriert oder zu sehr vernachlässigt werden. Es kann sogar sein, dass wir gar nie auf eine brauchbare Ursache stoßen oder nie in der Lage sind, zu beweisen, dass ein bestimmter Verdächtiger tatsächlich der Urheber eines Konfliktes ist. In Konfliktsituationen sind wir vielfach auf Erfahrungen, ja sogar Annahmen angewiesen.

Doch selbst wenn wir eine Ursache genau festgestellt hätten, könnte sich ja die Situation ergeben, dass wir keine Möglichkeit sehen, sie zu beseitigen.

Sollten wir dann in stöhnendes Händeringen und inaktive Hilflosigkeit verfallen und den Konflikt dadurch weiter eskalieren oder zum Dauerkonflikt werden lassen, wie dies gelegentlich geschieht?

Ein weiterer Aspekt ist, dass für viele Konflikte, die durch Verhaltensstörungen bedingt sind, gilt, dass sie häufig an Orten und zu Zeiten auftreten, die von jenen Orten und Zeiten, an denen sie verursacht wurden, weit entfernt liegen.

Weiters muss festgehalten werden, dass Ursachen in der Zeit ihrer Wirksamkeit zu weit reichenden Folgen und Veränderungen des Verhaltens geführt haben können und das Problem deshalb gar nicht mehr durch die Beseitigung der Ursachen gelöst werden kann.

Eine Problemlösungsstrategie, die sich auf eine einfache Identifizierung und Beseitigung von Ursachen konzentriert, ist also zumeist nur in sehr eingeschränktem Maße möglich und erfordert zusätzlich sorgfältige Überlegungen zur eigentlichen Zielrichtung des Lösungsprozesses.

Wo wollen wir überhaupt hingelangen? Diese Frage muss, wenn schon lösungsorientiert gedacht und gehandelt wird, immer aufs Neue gestellt werden.

Wenn auch die Problemlösungsstrategie im Konfliktdenken ihren Platz hat, besteht doch ein Hauptargument ihrer eingeschränkten Anwendbarkeit in der Tatsache, dass man nur allzu leicht eine endgültige Auffassung darüber entwickeln könnte, was nach sehr subjektiven Meinungen nun eine Lösung darstellen würde, bevor wirklich ausreichend und vielseitig über einen Sachverhalt nachgedacht wurde.

Mit der Benennung des Problems wird meist auch schon die Art der Lösung definiert, die erwartet wird, noch bevor die Ergebnisse umfangreicherer Explorationstätigkeiten bekannt sind.

3.2.5.2. Entwerfen statt lösen

Natürlich streben alle von den Störungen betroffenen Menschen eine Änderung der Situation, eine Linderung des Leidensdruckes, ein Ende der Beeinträchtigung durch das störende Verhalten an. Nach einer Phase der Neubesinnung, des Informationsgewinnes stellt sich allerdings zumeist das Problem schon ganz anders dar, wie bereits in den Überlegungen zur Nutzung von Chancen ausgeführt wurde.

Auch beim *Entwurf* soll ein Ergebnis erzielt werden, soll etwas erreicht werden. Es wird dabei stets nach vorne geschaut, der Schwerpunkt darauf gelegt, was erreicht oder gemeinsam geschaffen werden kann. Dabei kann es Provokationen, Fehlstarts, Gedankensprünge und auch Pannen geben. Es handelt sich also möglicherweise um einen unregelmäßigen Entwicklungsprozess, der nicht nach dem Muster einer exakten Reihenfolge von Handlungen ablaufen muss. Mit dieser Vorgangsweise ist auch eine Art Grundhaltung oder Grundeinstellung verbunden, die den Begriff Konflikt eher aufgibt, zumindest aber als etwas „Normales", ja in bestimmten Fällen sogar „Positives" versteht.

> Konflikte werden aus dem Blickwinkel eines derartigen Denkens eher als Situationen verstanden, die entwerfendes Denken erfordern, um zu einem Resultat zu gelangen.

PROBIEREN GEHT ÜBER RESIGNIEREN!

Drei speziell hervorzuhebende Faktoren spielen bei dieser Art des Herangehens an Schwierigkeiten und Konflikte zwischen Personen eine Rolle:

1. Es bedarf dabei in besonderem Maße der Fähigkeit, die Kreativität aller beteiligten Konfliktparteien anzuregen, in Bewegung zu bringen und zu nützen.

2. Da gewöhnlich die vom Konflikt stark beeinträchtigten, einseitig und starr denkenden Per-

sonen nicht gerade ihre „Höchstform" in Sachen Kreativität ausspielen können, muss hier eine Art „dritte Partei" die sehr wichtige Rolle eines „Designers", also eines nicht im Dienste irgendeiner der Konfliktparteien stehenden Vermittlers übernehmen.

3. Das Ergebnis bleibt offen.

Im Zusammenhang mit dem Begriff der „dritten Partei" spricht *Edward de Bono* von einem „dreieckigen Denken" und beschreibt die Rolle dieser „dritten Partei" wie folgt:

„In einer Konfliktsituation sind die beiden beteiligten Parteien nicht in der Lage, sich außerhalb ihrer jeweiligen Wahrnehmungen zu stellen. Um von der Argumentationsmethode zur Entwurfsmethode zu gelangen, bedarf es einer dritten Partei. Diese dritte Partei ist nicht Vermittler, Unterhändler oder Fürsprecher. Die dritte Partei ist Spiegel, Überblick, Lieferant von Provokation und Kreativität, Leiter des Denkens. Die dritte Partei organisiert auch das Kartographieren der Situation. Diese dritte Partei ist integraler Bestandteil des Entwurfdenkens, das für eine Konfliktlösung erforderlich ist."
(Vgl. *de Bono, E.*, Konflikte, 1989, S. 109)

Fassen wir also abschließend wieder kurz zusammen:

> Schon das Festlegen eines Problems, noch mehr aber das vorurteilige Benennen einer (einzigen) Konfliktlösung ist aufgrund des komplexen Ursachengeflechtes und der vielfach vorhandenen Unmöglichkeit, eventuell doch erkannte Ursachen zu beseitigen, sowie der Eigendynamik, die viele konfliktbehafteten Interaktionen entwickeln, in der Praxis nicht sehr sinnvoll.
> Eine gute Chance auf Erfolg bietet hingegen der Versuch, die Situation gemeinsam, mit viel Phantasie, Kreativität und einer Grundfreude am Entwerfen, zu bewältigen. Dabei sollte allerdings unbedingt die Hilfe einer „dritten Partei" genutzt werden, die nicht im Dienste irgendeiner der Konfliktparteien steht.

3.2.6. Chance „Perspektivenwechsel"

Viele Überlegungen, die sich aus der Betrachtung einer konkreten Störungssituation aus einem anderen, neuen Blickwinkel ergeben können, wurden schon im Kapitel 3.2.1. angestellt, wo es darum ging, Verhalten anderer, auch auffälliger oder gestörter Personen erst einmal in seiner speziellen Art und Weise des Auftretens einfach so zu akzeptieren, wie es ist, um aus dieser Fähigkeit, „annehmen" zu können, die besseren Chancen für den leidensfreieren Umgang mit Verhaltensschwierigkeiten zu nützen.

Hier soll nun, anhand einiger Thesen und einer Geschichte zum Nachdenken, verdeutlicht werden, dass in jeder Konfliktsituation, besonders aber in Konflikten mit Kindern und Jugendlichen eines der bedeutendsten Hilfsmittel für einen verbesserten Umgang mit Störungen die Nutzung der Fähigkeiten des Menschen ist, sich auch in eine andere Person, in andere reale, ja sogar nicht reale Situationen hineindenken zu können.

Versuchen wir, diesen „Perspektivenwechsel" einmal anhand der Beantwortung einiger Fragen anzuregen:

- Leben unsere Kinder und Jugendlichen in einer Welt mit denselben Problemen, die in unserer Jugend wichtig waren, und sind es mehr oder weniger Probleme geworden?
- Erwarten sich diese jungen Menschen, wie wir damals, von unserer Seite, dass wir ihnen unser Wissen und Können, aber auch unsere Hilfe, Werthaltungen und Liebe anbieten?
Erleben junge Menschen heute angesichts einer alles durchdringenden, medial aufbereiteten, Gewalt und Leistung verherrlichenden Lebensperspektive in der Schule, der Familie und ihrer Peergruppe mehr oder weniger inkongruentere Botschaften sowie Regeln und Normensysteme als dies in unserer Jugend der Fall war?
- Erleben die Kinder und Jugendlichen in der Familie, der Schule und anderen professionellen Bildungs- und Erziehungseinrichtungen tatsächlich Profis im Umgang mit Verhaltensauffälligkeiten, -störungen bzw. Konflikten in Gruppen oder zumindest Erwachsene, die auf derartige Probleme und Schwierigkeiten adäquat vorbereitet sind?
- Erleben gerade Kinder und Jugendliche, wie das etwa für Führungskräfte in der Wirtschaft der Fall ist, einen praktischen Transfer der teils seit Jahrzehnten bekannten wissenschaftlichen Erkenntnisse aus der Entwicklungs-, Lern-, Persönlichkeits-, Sozialpsychologie, der Erziehungs- und Unterrichtswissenschaft, der Soziologie, der Biologie, also Bereichen der Sozial-, der Natur- und sogar der Wirtschaftswissenschaften in die Schulwirklichkeit?
- Erleben Kinder die Natur, uns Erwachsene, ja diese ganze Welt tatsächlich auf realistischere Art und Weise über alle ihre Sinneskanäle, als wir dies in unserer Kindheit und Jugend tun konnten?
- Besteht für Kinder und Jugendliche heute eine größere Chance, in dieser Welt eine würdigere, gesündere, existenziell und emotional besser abgesicherte Zukunft zu erleben, als dies in unserer Kindheit und Jugend der Fall war?

Es wird vielleicht aufgefallen sein, dass eine eindeutige Antwort auf diese Fragen mit einem „Ja" oder „Nein" schwer fällt. Obwohl es sich der Art nach um reine Alternativfragen handelt, muss erst recht ausführlich abgewogen werden. Bei einigen der Fragen könnte den LeserInnen auch der Gedanke gekommen sein, dass wir, um die Antwort finden zu können, dringend auch Kinder und Jugendliche selbst befragen müssten. Wie sehr ein „Perspektivenwechsel" die Ergebnisse von Beurteilungen und den Umgang mit Problemen verändern kann, möge die folgende kurze Geschichte verdeutlichen, die an dieser Stelle, ganz im Sinne der auch in der LehrerInnenausbildung viel zu wenig von uns genutzten Chance, „Perspektivenwechsel" zu betreiben, meinen LehramtsstudentInnen gewidmet sein soll. Hoffentlich stellt sich nach der ersten Freude über die damit geübte Selbstkritik auch auf Seiten der Studierenden postwendend jener „Perspektivenwechsel"-Effekt ein, dass auch auf die Erlebniswelt jener Kinder und Jugendlichen, die ja später von eben denselben Studierenden betreut werden, nie vergessen wird.

DIE GESCHICHTE VON HANS HEFETEIG

Hans Hefeteig will Bäcker werden. Er hat 12 Semester studiert – die Fächer Roggenbrötchen, Sesamhörnchen und allgemeines Bäckereiwesen – und das erste Backexamen mit „gut" bestanden.

Einige Probleme und viele Chancen

Hans hat viel gelernt im Studium. Zum Beispiel, wie Mehl dekliniert oder wie die Flugbahn eines vom Blech fallenden Brötchens mit Hilfe der Sinusfunktion berechnet wird. Er weiß Bescheid über die allmähliche Verfertigung der Brötchen beim Backen, er kennt den schmalen Grat zwischen braun und angebrannt. Nur eines hat er nicht gelernt: Brötchen zu backen.

Aber dafür gibt es ja den zweiten Teil der Ausbildung; und Hans ist froh, einen Ausbildungsplatz bekommen zu haben. Anfangs hatte er sich darüber gewundert, dass er zwei Betrieben gleichzeitig zugewiesen worden war: dem Zentralen Backstudio und einem Bäckereibetrieb. Nun hatte er in der ersten Woche den Vortragenden im Backstudio gelauscht, alles mitgeschrieben und vieles für gut befunden:

Die Idee der Binnenblechdifferenzierung hatte ihm gefallen; die Notwendigkeit eines heißen Impulses zu Beginn einer Backeinheit hatte ihm eingeleuchtet; die Methode des Offenen Backens begeisterte ihn; der Gedanke, die Brötchen dort herauszunehmen, wo sie drin sind, hatte ihn geradezu fasziniert; er hielt ein Referat über das Thema „Weshalb Hörnchen mit der Öffnung nach links auf dem Backblech liegen sollten", und er las mehrere Aufsätze über die Notwendigkeit der Beigabe einer Prise Weizenmehl bei Roggenbrötchen.

Und dann war der erste Tag in der Bäckerei gekommen. Der Bäckereileiter hatte ihn freundlich begrüßt, ihm alles gezeigt und ihm die für Roggenbrötchen oder Sesamhörnchen zuständigen Bäcker und Bäckerinnen vorgestellt. „Ganz schön mehlig hier", hatte Hans gedacht. Doch bald war ihm klar geworden, dass die grauen Haare der Bäcker echt waren. Alle waren sehr freundlich zu ihm gewesen; jeder Bäcker, jede Bäckerin hatte sich grundsätzlich bereit erklärt, Hans anzuleiten.

Jedoch – der eine war gerade zwei Wochen krank gewesen und hatte viel nachzubacken; der zweite hatte ihm den Teig, den er gerade bearbeitete, nicht zumuten wollen; der dritte war selber neu in dieser Bäckerei; der vierte hatte zur Zeit nichts mit Roggenbrötchen oder Sesamhörnchen zu tun … Bei der fünften Anfrage hatte Hans Glück: Bäckermeisterin Keks hatte ihn genommen. „Ich kann Sie ohne Schwierigkeiten anleiten", hatte sie erklärt, „weil ich nur einen halben Backauftrag habe. Meine Kollegen sind zum Teil überlastet und fühlen sich zum Anleiten nicht in der Lage. Sie schaffen es wirklich nicht, jeden Backvorgang vor- und nachzubesprechen. Bei einem Blech Entlastung sähe es sicher anders aus. Na, was soll's … Kommen Sie morgen rechtzeitig, sehen Sie sich alles an, und dann dürfen Sie übermorgen ans Blech!"

Das war der erste Tag gewesen, ein wenig verwirrend für Hans. Der zweite Tag wurde nicht weniger verwirrend: Frau Keks hatte die Hörnchen mit der Öffnung nach rechts auf das Blech gelegt, sich gegen eine Beimischung von Weizenmehl zum Roggenteig ausgesprochen und sich abfällig über die Methode des Offenen Backens geäußert.

„Bäckerei und Backstudio scheinen sich ja nicht gerade gut abzustimmen", hatte Hans gedacht, verwundert und verunsichert.

Einige Probleme und viele Chancen

Inzwischen hat Hans sich arrangiert. Er ist weiterhin angetan von den Ideen aus dem Backstudio, setzt ab und zu einige davon heimlich in der Bäckerei in die Tat um – und hält sich im Übrigen beim Backen an die im Betrieb seit Jahren üblichen Backmethoden.

Aufregend wird es jedes Mal, wenn Besuch kommt, Spezialisten aus dem Backstudio. Letzten Mittwoch war Folgendes passiert: „Fetten Sie das Blech kräftig ein!", hatte Frau Keks vor der Visitation geraten. Hans hatte den Ratschlag befolgt. Alles war einigermaßen gut gegangen, wenn auch der Backentwurf nicht ganz eingehalten wurde. Die Visitatoren waren zufrieden, wie sich bei der Besprechung – sie war endlos wie immer – herausstellte.

Nur eines hatte ihnen nicht gefallen: „Auf keinen Fall", hatten sie kritisiert, „dürfen Sie das Blech so kräftig einfetten!" Peinliche Stille. Frau Keks war ein wenig rot geworden, hatte kurz gezögert, sich aber dann zu ihrem Ratschlag bekannt. Neuerliche Stille. Die Visitatoren waren auch ein wenig rot geworden, hatten verlegen gelächelt und sich dann überraschend über die zweifellos ebenfalls vorhandenen Vorteile des mittelmäßigen Einfettens geäußert.

Nun hat Hans natürlich Angst vorm Zweiten Backexamen, vor allem dem Prüfungsvorbacken unter Aufsicht des Obermeisters von der Bäckerinnung. Und ob er eine Stelle bekommt? Die Aussichten sind schlechter geworden, seit der Betriebsrat den 3/4-Brötchen nicht mehr zustimmt.

Gestern hat Hans seine alte Freundin Tanja Tafelbild getroffen und ihr sein Leid geklagt. Sie hat ihm zugehört, ihm Mut gemacht und den abschließenden Rat gegeben: „Hättest du dich nur für den Lehrerberuf entschieden, so wie ich. Was du da erzählst, Auseinanderklaffen von Praxis und Theorie usw., so etwas gibt es bei uns nicht. Aber kein Wunder: Mit Kindern geht es halt leichter als – mit Brötchen!"

(Winkler, R., Im Brennpunkt Schule, Ein psychohygienischer Leitfaden, 1993, S. 90 ff.)

Die Zusammenfassung für dieses Kapitel lässt sich ganz kurz und mit Hilfe einer Abwandlung des bekannten Zitates von Konfuzius leisten, der den Klugen durch die Fähigkeit kennzeichnete, dass er sogar in der Lage sei, aus Fehlern anderer zu lernen, während der Dumme nicht einmal aus seinen eigenen Fehlern zu lernen vermöge.

Je besser es uns gelingt, eine Störung aus der Erlebniswelt des auffälligen Kindes oder anderer Beteiligter zu verstehen, desto „klüger" werden wir durch einen derartigen Perspektivenwechsel in Bezug auf mögliche deeskalierende und normalisierende Handlungsschritte.

3.2.7. Chance „Prävention"

Was schon einige Male betont wurde und nicht oft genug unterstrichen werden kann, ist gerade im Umgang mit Verhaltensschwierigkeiten die Chance, regelmäßig Maßnahmen der Vorbeugung zu treffen. Besonders für die Schule und die dort wirkenden Erwachsenen gibt es eigentlich keine stichhaltigen Argumente, die täglichen fünf bis zehn Stunden, die Kinder in der Schule verbringen, nicht für präventive Maßnahmen nützen zu können. Viele der praktischen Vorschläge sind ausschließlich dazu gedacht, dass vor, zu Beginn, während, am Ende oder auch außerhalb der Unterrichtszeit sinnvolle präventive Maßnahmen gesetzt werden, die die Eskalation oder überhaupt das Auftreten auffälligen Verhaltens oder störender Situationen erst gar nicht ermöglichen. Leider wird oft viel zu lange mit dem Einsatz vorbeugender Maßnahmen gewartet, und es ist dann ungleich schwieriger, das Störverhalten unter Kontrolle zu bekommen, wenn es sich als ausgewachsener Belastungsfaktor nun schon einmal darstellt. Für gezielte Interventionsprogramme in solchen Fällen benötigt man ungleich mehr Zeit, sie verlangen allen Beteiligten viel mehr Geduld und Qualifikationen ab und bringen fast nie kurzfristig, selten mittelfristig, zumeist aber nur auf lange Sicht gesehen für alle befriedigende Erträge. Da die meisten der im Praxisteil vorgeschlagenen Maßnahmen präventiven Charakters sind, soll hier vorerst einmal auf die Bereiche hingewiesen werden, die zur Nutzung der Chance „Vorbeugen ist besser als Heilen!" berücksichtigt werden könnten.

3.2.7.1. Räume und Ordnungen präventiv gestalten

Wir können das Verhalten eines Menschen auch als eine Reaktion auf Reize aus der Umwelt definieren. Es bietet sich daher an, die Chance zu nützen, die Reizumwelt, zum Beispiel eines Klassenraumes, vorbeugend Konflikt vermeidend zu gestalten. Besonders wichtig ist dabei, mit Kindern und Jugendlichen deren Bedürfnisse in Bezug auf die Räume, in denen sie einen Großteil ihrer alltäglichen Tätigkeiten abwickeln, zu besprechen und daraus schlussfolgernd gemeinsame Handlungen der Raumgestaltung zu setzen. Der Klassenraum, der Pausengang oder -hof, die Garderobe, ja sogar die Toiletten können entsprechend verändert werden, sodass verwendete Möbel, Vorhänge, Bilder, Schilder und Plakate, die Wandfarben, die Fenstergestaltungen, aber auch Ordnungsrichtlinien für die Raumnutzung überlegt, festgelegt und deren Einhaltung allgemeiner Kontrolle, also der Überprüfung durch *alle* und von *allen* übertragen wird. Nie werden einmal festgelegte Vereinbarungen immer gültig sein oder ein Zustand erreicht werden können, bei dem es nicht täglich immer wieder auch Verstöße gegen solche Vereinbarungen gibt.

Doch schon die Tatsache, dass alle Mitglieder eines sozialen Gefüges immer wieder aufs Neue durch gestaltende Maßnahmen an die Notwendigkeit gemeinsamen Gestaltens und Handelns erinnert werden, erhöht die Mitverantwortung Einzelner – natürlich stets in unterschiedlichem Ausmaße. Wenn immer nur die Lehrperson, die Eltern oder einzelne MusterschülerInnen sich für Raumgestaltung und die Einhaltung von Ordnungsprinzipien verantwortlich fühlen, kommt es eher zu verantwortungslosen Verhaltensweisen gegenüber Gegenständen, aber auch zur Nichteinhaltung geltender Regeln.

Sollen sich möglichst alle beteiligen, bedeutet dies natürlich, dass die von Seiten der Kinder und Jugendlichen eingebrachten Regeln auch von Seiten der Erwachsenen eingehalten werden, auch wenn das für Letztere nicht immer ganz bequem ist.

Da kann es schon einmal vorkommen,
- dass siebenjährige Volksschüler darauf aufmerksam machen, dass jetzt eigentlich Stillarbeit vereinbart worden war, wenn die Klassenlehrerin etwa mit der Schulleiterin minutenlang wichtige Dinge am Katheder bespricht,
- dass ein dreizehnjähriger Hauptschüler einen Kollegen mit 30 Dienstjahren darauf aufmerksam macht, dass seine als Straßenschuhe verwendeten Tennisschuhe in der Schule wohl nicht als Hausschuhe gelten können,
- dass man eine zwischen Tür und Angel in den Klassenraum „geworfene" Hausaufgabe, weil nicht verstanden, nicht zu erledigen bereit sei,
- dass Vorschläge gemacht werden, es sollten sinnvollerweise öfter einmal statt der Völkerwanderungen ganzer Klassen oder Gruppen

von SchülerInnen oder StudentInnen einzelne ProfessorInnen vielleicht eher die Klassen- oder Seminarräume wechseln usw.

Es könnte weiters auch vorkommen, dass anlässlich einer Konferenz vom gesamten Lehrkörper einer Schule beschlossen würde, dass grundsätzlich alle KollegInnen beim Verlassen eines Klassenraumes für die Herstellung einer von allen akzeptierten Grundordnung in der Klasse zu sorgen hätten, damit beim jeweiligen Stundenwechsel die für die folgende Stunde zuständige Lehrperson den so wichtigen Unterrichtseinstieg räumlich und lernorganisatorisch optimal für ihre Zwecke gestalten kann.

Es könnte hier weiter die Rede von Blumen im Klassenzimmer sein und selbstverständlich von einer Anordnung der Möbel, die einen in den Lehrplänen bereits längst geforderten, ständigen Wechsel von Sozialformen im Unterricht erleichtern würde. Es könnte in diesem Zusammenhang die Möglichkeit der Einrichtung von Ruheecken, ja sogar Ruheräumen auftauchen und von sogenannten „Talkrooms", die ausdrücklich dazu dienen würden, dass LehrerInnen und SchülerInnen oder StudentInnen und ProfessorInnen, soferne ihnen der Sinn danach stünde, außerhalb der Unterrichtszeit klärende Gespräche führen könnten. Diese und noch viele, viele Ideen mehr könnten von Seiten aller am Lerngeschehen Beteiligten gemacht und vielleicht auch in die Tat umgesetzt werden, wenn einmal die Chance genützt wird, gemeinsame Aktionen der Raumgestaltung oder der Gestaltung des Ordnungsrahmens auch als Maßnahme der Prävention von Verhaltensschwierigkeiten zu verstehen.

3.2.7.2. Unterricht präventiv gestalten

Der zweite Bereich vorbeugender Maßnahmen in der Schule betrifft schon die der Stoffauswahl, die Festlegung von Unterrichtszielen, vor allem aber die methodische Gestaltung der Unterrichtsarbeit. Erfahrungsgemäß bewirken hier kleine Änderungen oft sehr viel.

- wer innerhalb einer Unterrichtseinheit die Sozialform des Unterrichts wenigstens nur ein-, zweimal verändert, also die Kinder etwas in „Bewegung" bringt,

- wer seinen Unterricht vom Tage X an kontinuierlich mit einer Aufmerksamkeitsübung, etwa der „Pendel-Satz-Bild-Übung", beginnt und ebenso kontinuierlich in jeder Stunde die letzten drei Minuten für eine Körperentspannungsübung oder ein „Blitzfeedback" nützt,

- wer gar beginnt, in alternativen Lerntechniken so zu arbeiten, dass dies für die SchülerInnen nicht nur ein gelegentliches, aufgesetzt wirkendes Erlebnis ist, sondern dass Offenes Lernen, Freiarbeit, Projekt- oder gar themenzentrierter Unterricht mit Kursphasen ebenso wie der Frontalunterricht zu den schulischen Alltagserfahrungen zählt,

- wer sich schließlich von sich aus intensiver um den Besuch angebotener Fortbildungsveranstaltungen zu alternativen Lerntechniken oder Themen der Persönlichkeitsförderung usw., wie etwa spielpädagogische, kinesiologische, kommunikationstheoretische, motopädagogische, suggestopädische, etc., Fortbildungsveranstaltungen meldet oder zumindestens seine Loyalität jenen KollegInnen im Lehrkörper gegenüber erweist, die für die Öffnung und das Aufbrechen der wirklich erstarrten Unterrichts- oder der allgemeinen Kommunikationsstrukturen eintreten,

- wer im Rahmen seiner Unterrichtsgestaltung und im Umgang mit Kindern und Jugendlichen darauf Wert zu legen beginnt, dass deren Anteil an Verantwortung und deren Beitrag an schulischen Entscheidungsprozessen sukzessive vergrößert wird,

- *wer also Mut zum Annehmen, Öffnen und Loslassen zeigt,*

der wird erfahren, dass nur wenige, vielleicht gar nur einzelne dieser Maßnahmen schon zu erstaunlichen Veränderungen im Umgang mit Verhaltensschwierigkeiten führen.

So erlebten die Lehrpersonen und SchülerInnen einer Klasse, dass eine scheinbar unergründbare Verhaltensschwierigkeit einer Schülerin X, die eine Fülle ebenso scheinbar unlösbarer Störungen und Konflikte in der Klassen- ja sogar Schulgemeinschaft heraufbeschworen hatten, schlichtweg durch die Tatsache eine völlig überraschende Wende erfuhr, dass ein für alle SchülerInnen und LehrerInnen dieser Schule wichtiges Projekt mit stark öffentlichkeitswirksamem Charakter bevorstand. In den zwei Wochen jedenfalls, in denen dieses Projekt dann durchgeführt wurde, hatten weder die Betroffenen noch das verhaltensauffällige Mädchen Zeit, zu stören oder sich gestört zu fühlen.

3.2.7.3. Schulgemeinschaft präventiv nützen

Es ist in diesem Buch schon angesprochen worden, dass Maßnahmen der Elternbelehrung oder gar Elternerziehung in der Praxis sehr wenig erfolgreich sind. Dies gilt übrigens auch, um dies für Eltern hier festzuhalten, für Versuche ihrerseits, in den wenigen Vorsprachen bei Sprechtagen die Verhaltensweisen und Unterrichtsmethoden oder auch Denkweisen der Lehrpersonen ausschlaggebend verändern zu wollen. Viele Faktoren können angeführt werden, warum dies in der Praxis letztlich zumeist so ist. Dies soll aber hier nicht geschehen, und schon gar nicht, wie das leider immer wieder versucht wird, in einer Form der Schuldzuschreibung. Niemandem soll hier der „schwarze Peter" dafür zugeschoben werden, dass im Beziehungsdreieck LehrerInnen-Eltern-SchülerInnen nun einmal jede Menge Konfliktpotential steckt. Der größte Druck ergibt sich meines Erachtens schon daraus, dass im Zusammenhang mit dem Erziehungsanliegen innerhalb des genannten Dreiecks ja niemand Fehler machen und vor allem niemand Fehler zugeben sollte, andererseits aber allen Seiten täglich ganz natürlich immer wieder Fehler passieren. Es wäre nur normal, um nochmals mit *Konfuzius* zu sprechen, wenn die Beteiligten wenigstens aus ihren eigenen Fehlern lernen würden, klug wäre es, wenn sie sogar aus den Fehlern einer anderen Gruppe, und dumm, wenn sie nicht einmal aus ihren eigenen Fehlern lernten.

Und gerade hier bietet die Schulgemeinschaft doch eine Chance, eine der drei beteiligten Gruppen, überzeichnet formuliert, vor allzu großen Dummheiten zu bewahren.

Wenn es viele Gelegenheiten gibt, bei denen Lehrpersonen, Eltern und SchülerInnen, möglichst uneingeschränkt und durchgemischt, in lockerer Atmosphäre miteinander reden oder einander auch nur einmal beggnen können, dann werden die Chancen, die Schulgemeinschaft als Mittel der Konfliktprävention zu verwenden, schon recht gut genutzt.

Feste, Tagesausflüge, Spielnachmittage, Tage der offenen Tür, Unterrichtsgestaltungen mit Elternbeteiligungen sind dafür begrüßenswerte Ansätze. Das ganze Schuljahr durchlaufende Workshops zu Themen wie „Wie miteinander reden?", „Wer ist bei uns der Boss?", „Lernen kann auch Spaß machen!", „Mit Humor geht alles besser!" usw. können die Schulgemeinschaft sogar zu einer echten Kraftquelle für Entwürfe und Handlungsmuster zur Bewältigung von Verhaltensschwierigkeiten werden lassen, weil durch die Kontinuität die Chance größer wird, dass das Vertrauen immer mehr zunimmt. Voraussetzung dabei ist natürlich, dass wieder alle beteiligten Personen im Rahmen solcher Workshops mitwirken können. Deshalb sei hier unbedingt auf die Gefahr hingewiesen, dass einzelne Personen solche Workshops zu Vortragsveranstaltungen machen können. Die Fragestellungen sollten daher so gewählt werden, dass alle TeilnehmerInnen wichtige Beiträge zum Endprodukt eines Workshops einbringen können und damit ein Gruppenerfolgserlebnis organisiert werden kann.

Fassen wir nun auch dieses Kapitel kurz zusammen, so lässt sich Folgendes in einem einfachen Satz sagen:

> Je intensiver die Möglichkeiten der Raum-, Organisations- und Unterrichtsgestaltung sowie die Verbesserung der Schulgemeinschaft genützt werden, desto größer ist die Chance, schon durch solche vorbeugende Maßnahmen das Auftreten von gröberen Verhaltensschwierigkeiten zu verhindern und mit bereits entstandenen Konflikten besser umgehen zu können.

4. Zusammenfassende Thesen

In diesem Kapitel sollen alle bisherigen Überlegungen, sozusagen als Grundlagen für die im Kapitel 5 folgenden Handlungsvorschläge, noch einmal knapp zusammengefasst und einige Schlussfolgerungen in Thesenform aufgestellt werden, die sich einerseits aus der Sichtung der Fachliteratur, vor allem jedoch aus dem unmittelbaren Umgang mit Kindern und Jugendlichen ergeben, die als verhaltensauffällig oder verhaltensgestört eingeschätzt werden, bzw. aus den Erfahrungen mit Konfliktsituationen in Schule und Familie.

4.1. These 1:

> LERNEN KANN VERHALTEN AUFFÄLLIG MACHEN

Lernen ist einerseits recht einfach als Prozess *einer Verhaltensänderung* beschreibbar, ist allerdings andererseits aufgrund vielfältigster Bestimmungsfaktoren, die diesen Prozess beeinflussen, gleichzeitig ein äußerst komplexes Geschehen. Die gesamte Erfahrung der Menschen, phylogenetisch (entwicklungsgeschichtlich) wie ontogenetisch (lebensgeschichtlich) gesehen, und damit die Gesamtheit motorischer, sensomotorischer, kognitiver, emotionaler wie soziokultureller Einflüsse auf das menschliche Verhalten spielt bei dieser Verhaltensänderung, die ein Lernprozess darstellt, mit. Geht es im Speziellen, wie bei Maßnahmen zur Veränderung störenden Verhaltens, auch noch um „soziales Lernen", so müssen einerseits auch noch die situativen Umwelteinflüsse, vor allem aber jene zusätzlichen Störvariablen ins Kalkül gezogen werden, die sich aus der Tatsache der Kommunikation ergeben, also aus der Tatsache, dass dabei mindestens zwei der als sehr komplex beschriebenen „Systeme" Mensch miteinander in Kontakt treten bzw. miteinander umgehen können müssen.

Ein Lernprozess, besonders ein sogenannter „sozialer Lernprozess", darf auf keinen Fall von vornherein als grundsätzlich positiver Prozess angesehen werden, ja es kann sogar, aufgrund der genannten möglichen Störfaktoren, durchaus der Fall eintreten, dass „soziale Lernprozesse" auch als die „Verursacher", „Stabilisatoren" oder gar „Verstärker" von Verhaltensschwierigkeiten wirken. Es kann sein, dass gerade dadurch, dass überhaupt eine Verhaltensänderung „gewaltsam" angestrebt, also ein (gut gemeinter) sozialer Lernprozess ohne Einsicht und Einflussnahme des Kindes oder Jugendlichen selbst eingeleitet wurde, sich das Verhalten dieses Menschen als noch auffälliger, noch störender darstellt.

4.2. These 2:

VERHALTENSAUFFÄLLIGKEITEN SIND DAS ERGEBNIS GESAMTGESELLSCHAFTLICHER VERHALTENSDETERMINANTEN

Dass das Leben eines Menschen auch in seiner Gesamtheit eigentlich einen elementaren Lernprozess darstellt, drückt *Erich Fromm* sehr passend durch folgende Worte aus:

„Die Geburt (des Menschen) ist nicht ein augenblickliches Ereignis, sondern ein dauernder Vorgang. Das Ziel des Lebens ist es, ganz geboren zu werden, und seine Tragödie, dass die meisten von uns sterben, bevor sie ganz geboren sind."
(Fromm, E. u. a., 1972, S. 114)

Dieser Lernprozess findet innerhalb gesellschaftlich-kultureller Wirklichkeiten statt, die u. a. auch durch Faktoren gekennzeichnet sind, die in der folgenden Tabelle dargestellt sind.

Erfahrungsbereich	Der junge Mensch sucht	Der junge Mensch erfährt unter Umständen
in der Familie	Zuwendung und Geborgenheit	Vaterlosigkeit; Mutterlosigkeit; Scheidung; emotionale Kälte
bezogen auf die eigene Persönlichkeit	emotionale Stabilität; Identität; Lern- und Leistungswilligkeit; Fähigkeit, Misserfolge und Frustrationen zu ertragen	Unausgeglichenheit; Angst; Ohnmacht; Enttäuschungen, die schwer zu ertragen sind; Selbstunsicherheit; Minderwertigkeitsgefühl
in der Peer-Group	Anerkennung; Geborgenheit; Zugehörigkeit	Isolierung; Anpassungsdruck; Unterordnung
bezogen auf die Gesellschaft	Gefühl, gebraucht zu werden; Solidarität; sinnvolle Entscheidungen für alle; Unterstützung	Anonymität; Kompliziertheit; Bedrohungen; Arbeitslosigkeit; wenig Zukunftsperspektive
bezogen auf den Lebenssinn	klare Wertorientierungen; Hilfen zur Bewältigung von Komplexität	Ge- und Verbote statt Angebote; Wertpluralismus – Wertverwirrung;
bezogen auf die Welt	Frieden; intakte Umwelt; Solidarität mit den Armen	Krieg; Raubbau an der Natur; ökonomischer Egoismus

(Volker, K. [1996]: Schule im Brennpunkt. Heft: „Jugend und Gewalt", S. 9)

Als Reaktion auf diese Erfahrungen zeigen Jugendliche dann eben auch beispielsweise Gewaltbereitschaft und aggressives Verhalten, für deren Auftreten laut wissenschaftlichen Untersuchungen folgende sechs *Lebens- und Lernbedingungen* als besonders förderlich angesehen werden können:

1. Ungünstige Familienverhältnisse, wie gestörte Familienbeziehungen, Trennung und Scheidung der Eltern, Armut, Deprivation, ungünstige Wohnverhältnisse usw.
2. Integration in eine delinquente Jugendkultur.
3. Entfremdung von und Distanz zu schulischen Normen und Werten, denen man sich durch Flucht entzieht oder gegen die man mit Protest agiert.
4. Schulisches Leistungsversagen, das sich auf das Selbstbild, auf die Position in der Klasse und auf die beruflichen Zukunftschancen negativ auswirken kann.
5. Negative und unberechenbare Lehrer-Schüler-Beziehungen, die Unsicherheit und Angst auslösen.
6. Ein schlechtes soziales Betriebsklima im Lehrerkollegium und ein abträgliches Schulklima.

(Vgl. *Spreiter, M.*, 1993)

4.3. These 3:

„DER TON MACHT DIE MUSIK!" –
DIE KOMMUNIKATION IST EINE GANZ
WICHTIGE VERHALTENSDETERMINANTE

Der Kommunikationsforscher *Paul Watzlawick* hielt fest: „Es ist unmöglich, nicht zu kommunizieren." (*Watzlawick, P.*, 1985, S. 7)

Natürlich ist es auch unmöglich, sich zu einer Person oder einem Sachverhalt nicht zu verhalten. Dies birgt allerdings auch die Gefahr in sich, dass Fehler im Ablauf der nonverbalen, besonders aber der verbalen Kommunikation zu Miss- oder Fehlverständnissen führen können. *Friedmann Schulz von Thun* (1981) unterscheidet bekanntlich vier Aspekte einer Nachricht (Aussage) eines Menschen und, analog dazu, vier Möglichkeiten auf Seiten des Zuhörers, diese Nachricht (Aussage) zu empfangen:

Sachinhalt (Worüber informiert der „Sprechende"?) und

Sachohr (Wie ist der Sachverhalt zu verstehen?)

Selbstoffenbarung (Was der „Sender" über sich selbst mitteilt) und

Selbstoffenbarungsohr (Was ist das für einer?)

Beziehungsaspekt (Was der „Sender" vom „Empfänger" hält) und

Beziehungsohr (Wie denkt der „Sender" über mich?)

Appell (Was will der „Sender" beim „Empfänger" bewirken?) und

Appellohr (Was soll ich aufgrund der Nachricht tun?)

(Vgl. *Schulz von Thun, F.*, 1981)

Viele Konfliktpotentiale stecken also in der Art und Weise, wie kommuniziert wird, und in der Folge auch in der *Metakommunikation*, die in

schwierigen Gesprächssituationen oft *als Ausweg* versucht wird. Eine Metakommunikation findet statt, wenn „über" (meta = griech. über) das Reden geredet wird, wenn Kommunikationspartner sozusagen über die Art und Weise, wie sie miteinander kommunizieren, zu reden beginnen.
Thielke erwähnt einige Probleme, die bei einer Kommunikation besonders häufig auf der Seite des Sprechenden und Zuhörenden auftreten können:

„Fehler auf der Seite des Sprechenden
– Er ordnet seine Gedanken nicht, bevor er zu sprechen beginnt.
– Er drückt sich ungenau – und damit missverständlich aus.
– Er drückt sich nicht kurz und prägnant aus. Vielmehr versucht er, zu viel in einer Aussage unterzubringen.
– Sprunghafte Gedankenführung. Die nachvollziehbare Logik der Argumentation mit einem für den Gesprächspartner sichtbaren roten Faden fehlt.
– Aus Unsicherheit redet er immer weiter, ohne die Auffassungskapazität seines Partners zu berücksichtigen.
– Er antwortet nicht direkt zu dem Gesprächsbeitrag seines Partners, sondern bringt etwas, was er sich inzwischen gerade selbst überlegt hat. Daher kommt das Gespräch nicht vorwärts. Man redet aneinander vorbei.

Fehler auf Seiten des Zuhörers
– Er wendet seine Aufmerksamkeit nicht ungeteilt dem Sprechenden zu.
– Er denkt schon an seinen beabsichtigten eigenen Gesprächsbeitrag, statt erst einmal aufmerksam zuzuhören, was ihm der andere sagen will. Wenn der Sprecher endet, weiß der Zuhörer daher nicht mehr genau, was der Sprecher gesagt hat. Deshalb kann er darauf auch nicht mehr konkret eingehen. Er ‚schwafelt' unter Umständen herum, um seine momentane Desorientiertheit zu verbergen.
– Er greift unwichtige Details auf, steigert sich darüber in seinem Ärger und übersieht dabei den wesentlichen Sinn und Inhalt der Gesamtmitteilung des Sprechers.
– Er denkt die – für ihn teilweise redundant erscheinenden – Gedanken des Sprechenden schon weiter und unterbricht diesen. Oder er führt das mit eigenen Worten weiter, von dem er glaubt, der Sprecher hätte es sagen wollen – auch wenn dies unter Umständen gar nicht stimmt.
– Er versucht, für ihn neue Gedanken in sein gewohntes Denkschema hineinzupressen, auch wenn ihm dabei gerade die wesentlichen Einzelheiten des neuen Gedankens verloren gehen."
(*Zuschlag, B.* und *Thielke, W.*, 1989, zit. nach: *Volker, K.*, 1996, S. 32)

Weitere *Fehlhaltungen* zählt *Klaus Volker* auf, die *im Rahmen der Metakommunikation* Konflikt auslösend sein können:

„Moralisieren
Direkt oder indirekt jemanden mit den eigenen Wertmaßstäben bewerten (abwerten).
Diagnostizieren
Wissenschaft über dem Kopf des anderen ausschütten; dem anderen zeigen, wie gescheit man ist; dem Verhalten des anderen einen ‚wissenschaftlichen' Namen geben.
Generalisieren
Einzelerfahrungen oder Einzelverhaltensweisen anderer verallgemeinern.
Bagatellisieren
Die Bedeutung anderer Erfahrungen verniedlichen oder abwerten.
Egozentrieren
Das eigene Verhalten oder die eigenen Erfahrungen als wünschenswerte Norm (als Beispiel) hinstellen; zu viel von sich reden.
Interpretieren
Etwas aus den Mitteilungen oder dem Verhalten des anderen herausholen oder etwas hineinlegen, wozu es keine Veranlassung, keine Hinweise oder Beweise gibt; dem anderen ein wissenschaftliches Modell überstülpen, dem er zu entsprechen hat.

Ausfragen
Ständiges Fragen in direkter Weise; neugierig sein; aufdringliches Fragen bei intimen Problemen.
Belehren
Etwas als unumstößlich hinstellen, worüber man auch anderer Meinung sein kann; von ‚oben herab' reden, schulmeistern.
Ratschläge erteilen
Immer gleich mit Lösungen, Ratschlägen bei der Hand sein, ohne auf die Möglichkeit und Grenzen des anderen Rücksicht zu nehmen.
Rationalisieren
Sich in theoretische Debatten oder Überlegungen oder Begründungen verlieren, um von den eigenen oder fremden seelischen Problemen bzw. Gefühlen abzulenken.
Ignorieren
Den anderen nicht ernst nehmen (direkt oder indirekt); den anderen nicht beachten, übergehen oder übersehen; bestimmte Gesprächsinhalte übergehen (überhören)."
(*Volker, K.*, 1996, S. 32)

4.4. These 4:

IM UMGANG MIT VERHALTENSSCHWIERIGKEITEN MUSS MAN SICH UM EINE VERHALTENSDIFFERENZIERENDE SICHT BEMÜHEN

Selbst wenn man schon viele Informationen zu den Personen oder einem Konflikt kennt und sich auch die Rahmenbedingungen für Störungen bewusst gemacht hat, erfordert ein sinnvoller, Erfolg versprechender Umgang mit verhaltensauffälligen oder verhaltensgestörten Personen bzw. durch diese veranlasste Konflikte eine *verhaltensdifferenzierte Sicht aller Beteiligten*.

Jeder Mensch ist, was sein äußeres Erscheinungsbild angeht, einmalig. Dies gilt sogar, wenn auch in eingeschränktem Maße, für eineiige Zwillinge. Das Gehirn jedes Menschen ist in vielen Aspekten schon von der Geburt an einmalig und entwickelt sich noch verstärkt einmaliger im Laufe der Lebensgeschichte eines Menschen, weil es ja die zentrale Verarbeitungsstelle aller Reizerfahrungen dieses Menschen darstellt – und auch diese sind wieder einmalig.

Schon allein aus diesen Tatsachen, denen noch viele weitere hinzugefügt werden könnten, ergibt sich die dringende Notwendigkeit, diese *Einmaligkeit jedes Menschen* im Umgang mit Kindern, die auffallen, ganz besonders zu berücksichtigen, ja auch zu respektieren.

Wer bei der Erarbeitung eines Theaterstückes allen beteiligten Kindern gegenüber beispielsweise signalisiert, dass er, unabhängig von schauspielerischen Talenten, für jeden eine (passende und damit wichtige) Funktion vorsieht, wird mit dem Engagement aller bei den Vorbereitungen rechnen können. Dasselbe wird auch für das Verhalten gelten. Erst wenn Kinder und Jugendliche zuerst einmal spüren, dass sie sie selbst sein dürfen, ist eine Voraussetzung dafür geschaffen, dass Fehlverhalten schrittweise auch verändert werden kann.

4.5. These 5:

VERHALTENSSTÖRUNGEN SIND AUCH PRODUKTE VIELFÄLTIGER RAHMENBEDINGUNGEN

1. *Verhaltensstörungen könnten ein Dressur-Misserfolg sein.* VertreterInnen dieser Ansicht meinen, dass die "StörerInnen" sich in erster Linie gegen eine Fremdbestimmung wehren würden und sich einen eigenen Standort suchen möchten.
2. *Verhaltensstörungen als Folge untherapeutischer LehrerInnen.* VertreterInnen dieser Meinung gehen davon aus, dass Lehrpersonen zu wenig therapeutische Qualifikationen hätten.
3. *Das Etikett „verhaltensgestört" als Gewaltakt der Schule.* VertreterInnen dieser Ansicht gehen davon aus, dass man nicht einem die Schuld geben könne, wo viele beteiligt sind.
4. *Verhaltensstörungen als Normenproblem.* VertreterInnen dieser Meinung gehen davon aus, dass man sich nicht wundern dürfe, wenn es „kracht", da zumeist in Familien und anderen sozialen Gefügen völlig andere Regeln als in der Schule gelten.
5. *Verhaltensstörungen als Kampf gegen Scheinfrieden.* VertreterInnen dieser Auffassung bezeichnen verhaltensauffällige Kinder als „Brandmelder", die Störungen aufdecken, statt sie zuzudecken.
6. *Verhaltensstörungen sind ein Protest gegen eine düstere Zukunft.* VertreterInnen dieser Meinung gehen schlichtweg von der Tatsache „No future – no motivation!" aus.
7. *Verhaltensstörungen als Leistungsabsage.* VertreterInnen dieser Meinung sehen die Leistungsorientierung in der Schule als Hauptverursacher von Schwierigkeiten, mit denen wir jetzt zu kämpfen hätten.
8. *Verhaltensstörungen als Überforderung der Schule.* VertreterInnen dieser Ansicht gehen davon aus, dass die Schule für zu vieles den Sündenbock spielen müsse und mit Aufgaben belastet würde, die sie nicht erfüllen könne.
9. *Verhaltensstörungen als Kampf zwischen Ich und Apparat.* VertreterInnen dieser Meinung betonen die Notwendigkeit des Rechtes eines Einzelnen auf seine Individualität, da sonst alle Menschen nur noch zu Modulen eines Systems würden.
10. *Verhaltensstörungen als Folge pathologischer Konstitution.* VertreterInnen dieser Ansicht gehen davon aus, dass es nun einmal gestörte Menschen gäbe, unter denen alle anderen zu leiden hätten, und dass an dieser Tatsache nicht immer das System schuld sei.
11. *Verhaltensstörungen sind eigentlich Unterrichtsstörungen.* VertreterInnen dieser Meinung gehen davon aus, dass Unterrichtsstörungen eben nur dann auftreten, wenn der Unterricht und damit die Lehr- und Lernsituation stocken, pervertieren, inhuman oder unerträglich werden.
12. *Verhaltensstörungen: normale oder nicht normale Abweichungen.* Ein Teil der VertreterInnen die-

ser Ursache geht davon aus, dass Verhaltensstörungen abnormale Abweichungen von normalen Forderungen seien. Ein anderer Teil davon, dass Verhaltensstörungen normale Abweichungen von abnormalen Forderungen seien.

13. *Verhaltensstörungen sind Geheimbotschaften zwischen „Freunden und Feinden".* VertreterInnen dieser Auffassung gehen davon aus, dass Verhaltensstörungen eine verschleierte Mitteilung über eine gestörte Situation enthalten würden.

14. *Verhaltensauffälligkeiten als Notwehr gegen Überforderung und Unterforderung.* VertreterInnen dieser Meinung gehen davon aus, dass Verhaltensstörungen das Produkt von Störungen der SchülerInnen durch einen Unterricht seien, der unangemessene Leistungsanforderungen stellt.

15. *Verhaltensstörungen aus Notwehr.* VertreterInnen dieser Ansicht gehen davon aus, dass Verhaltensstörungen eine Notwehrreaktion Jugendlicher gegen innere und äußere Überlastungen in allen Lebenslagen darstellen würden.

16. *Verhaltensstörungen als Manifestierungen des „geheimen Lehrplans".* VertreterInnen dieser Ansicht meinen, dass der „geheime Lehrplan" eigentlich ein Lehrplan über Beziehungen sei, während der offizielle Lehrplan vorwiegend ein Plan über Inhalte sei.

17. *Verhaltensstörungen als Angstabwehr und neurotisches Syndrom.* VertreterInnen dieser Ansicht gehen davon aus, dass Konflikte zwischen dem Aufnehmen von etwas und der Verweigerung, zwischen dem Hergeben und Zurückhalten, zwischen dem Herzeigen und Verbergen die eigentlichen Quellen für Verhaltensstörungen seien. (Vgl. *Sedlak, F.,* 1992)

Um den Punkt 17 noch etwas genauer zu erläutern, sei hier noch ein Zitat von *Sedlak* hinzugefügt: „Junge Menschen, aber auch solche, die mit überfordernden Erlebnissen konfrontiert wurden, werden durch diese inneren Gegensätze hin- und hergerissen, diese Spannungen (Tiefenpsychologen sprechen hier von Konflikten, Ambivalenzen, oralen, analen, ödipalen Problemen) werden durch Handlungen ‚gelöst', die sich durch ihre Diskontinuität, Abruptheit, Unangemessenheit, etc. – ... – auszeichnen."
(*Sedlak, F.,* in: Beiträge zur Pädagogischen Psychologie, 1992, S. 26)

4.6. These 6:

GEGENMITTEL Nr. 1 – IM UMGANG MIT KONFLIKTEN FÜR ALLE BETEILIGTE ERFOLGSERLEBNISSE ORGANISIEREN

Ein wesentlicher Problempunkt jedes, auch eines sozialen Lernprozesses ist die Motivation zur Wiederholung einer Handlung, wenn diese noch fehlerhaft abgelaufen ist. Man kann dieses Problem gut am Beispiel des Lesenlernens verdeutlichen. Hat ein Kind einen Text einmal gelesen, dabei allerdings etliche Fehler in Bezug auf die Lesefertigkeit gemacht, und stellt sich nach dem Erlesen des Textes zudem heraus, dass es auch der mangelnden Sinnerfassung wegen gut wäre, wenn der gleiche Text noch einige Male gelesen würde, fehlt dem Kinde oft die nötige Motivation für diese Wiederholungen. Ähnliches gilt für soziale Lernprozesse, in deren Rahmen sich ebenfalls erst nach etlichen wiederholt durchgeführten Maßnahmen ein störendes Ausgangsverhalten so weit ändert, dass es für andere erträglicher wird. In diesen Fällen sind für das Kind wie auch für die von seinem Verhalten Betroffenen Teilerfolgserlebnisse besonders wichtig für die *Motivation*, weiterzumachen, es noch einmal miteinander zu probieren.

Auch Teilerfolge *durch Lob und Zuspruch* zu verstärken, ja sogar zu „feiern", ist dabei nur ein möglicher Weg, der eingeschlagen werden kann. Noch besser *ist* mit Sicherheit, wenn es gelingt, dass die *Art und Weise, wie gehandelt* wurde, bzw. *der Inhalt einer Handlung* selbst *positive Verstärkerwirkung* haben und dadurch Kinder motivieren, eine Handlung zu wiederholen.

Gerade deshalb ist es auch so wichtig, verhaltensauffällige Kinder immer wieder mit handlungsorientierten Maßnahmen und so wenig als möglich mit sprachlichen Appellen zu konfrontieren. Die Chance, dass es dabei zu einer positiven Verstärkung kommt, ist schon alleine durch die Tatsache groß, dass Kinder zumeist „aktivitätsschwanger" sind.

Nicht zu unterschätzen ist auch die wichtige Bedeutung „kleiner Erfolgserlebnisse", also das Hervorheben von Zwischenerfolgen. Sie geben zumeist neue Impulse für die Fortsetzung einmal gesetzter Handlungen. Erfolge organisieren, heißt aber auch, *Ziele realistischer Art* vorgeben und die „Latte für das verhaltensauffällige Kind nicht zu hoch legen".

Um Erfolgserlebnisse zu organisieren, kann die Marschrichtung also nur lauten:

Lieber ein Erziehungsziel ganz erreichen, als alle niemals!

4.7. These 7:

LERNPROZESSE PROFESSIONELL ORGANISIEREN HEISST, VERHALTENSSCHWIERIGKEITEN VORBEUGEN

Was das Erziehungs- und Lernfeld Schule angeht, wurde zu dieser These in diesem Buch schon einiges angemerkt. Die praktischen Vorschläge im 5. Kapitel mögen noch weitere Ideen zur Verbesserung der Professionalität liefern.

Bisher wurden Überlegungen zur Persönlichkeitsentwicklung, zur Entwicklung kognitiver und sozialer, motorischer und sensomotorischer Fähigkeiten und Fertigkeiten im Zusammenhang mit der Gedächtnisentwicklung diskutiert. Die Bedeutung ganzkörperlicher, gesellschaftlicher und kultureller Einflüsse auf das Verhalten eines Kindes wurden besprochen. Auch kommunikationstheoretische Überlegungen und lerntheoretische Aspekte wurden abgewogen und auf diese Art schon ein recht professioneller Zugang zum Problem des „Verhaltens-Lernens" aufgezeigt. Zuletzt soll hier noch auf einen Aspekt hingewiesen werden, der für eine professionelle Haltung gegenüber verhaltensauffälligen und -gestörten Kindern und Jugendlichen von entscheidender Bedeutung sein kann.

Gemeint ist die Tatsache, dass es schon seit einigen Jahrzehnten eine recht intensive Diskussion darüber gibt, ob bei schulischen Lernprozessen eher das Charisma der Lehrperson („der gute Lehrer", „die gute Lehrerin") oder eben die SchülerInnen im Zentrum des Geschehens stehen sollten. Dabei standen einander ursprünglich eine stark *lehrerorientierte* und eine *schülerzentrierte Auffassung* gegenüber, wenn es darum ging, wie Lernen in der Schule am besten, professionellsten organisiert werden sollte. Mit den aufflammenden Autoritätsdiskussionen der sechziger und siebziger Jahre und den damit verbundenen Generationskonflikten („Traue keinem über 30!") fanden diese Erziehungsdiskussionen nicht nur auf den Papieren der Human- und SozialwissenschaftlerInnen, sondern auch in vielen Schulen und Familien statt.

Die Gedanken und Erfahrungen der ReformpädagogInnen fanden langsam Eingang in die Regelschulen, Alternativschulen erhielten das Öffentlichkeitsrecht, es folgte geradezu ein „Schulentwicklungs-Schulversuche-Boom", und von allen Seiten wurde die Lehrperson nicht mehr als unantastbare Autorität gesehen, die einfach im Klassenraum „erschien", sondern es wurde allseits „die Professionalisierung des Lehrberufes" gefordert. (Vgl. z. B. Industriellenvereinigung, 1993, Der Beruf des Lehrers im Wandel – Ansätze zur Veränderung, S. 4)

Vor allem von der Lehrerschaft (aber auch in zunehmendem Maße von den Eltern) wurden und werden höchste professionelle Erziehungskompetenzen gefordert, die „das Klassenmanagement", „souveräne Lehrstoffbeherrschung", „diagnostische Kompetenz", „didaktische Fähigkeiten" gleichermaßen wie „Sozialkompetenz", „Selbstkompetenz", „außerschulische Praxis" und ein „klares Anforderungsprofil" beinhalten sollten. (Ebenda, S. 15)

Die „Erziehungsprofis" und ihre „Schäflein" sollten demnach möglichst schwindelsicher und souverän auf dem schmalen Grat zwischen lehrer- und schülerzentriertem Unterricht dahineilen, um möglichst schnell den Erwerb aller für die beinharte Lebensrealität erforderlichen fachlichen und sozialen Fähigkeiten und Fertigkeiten zu organisieren. Die folgende Grafik möge diese Gratwanderung etwas verdeutlichen.

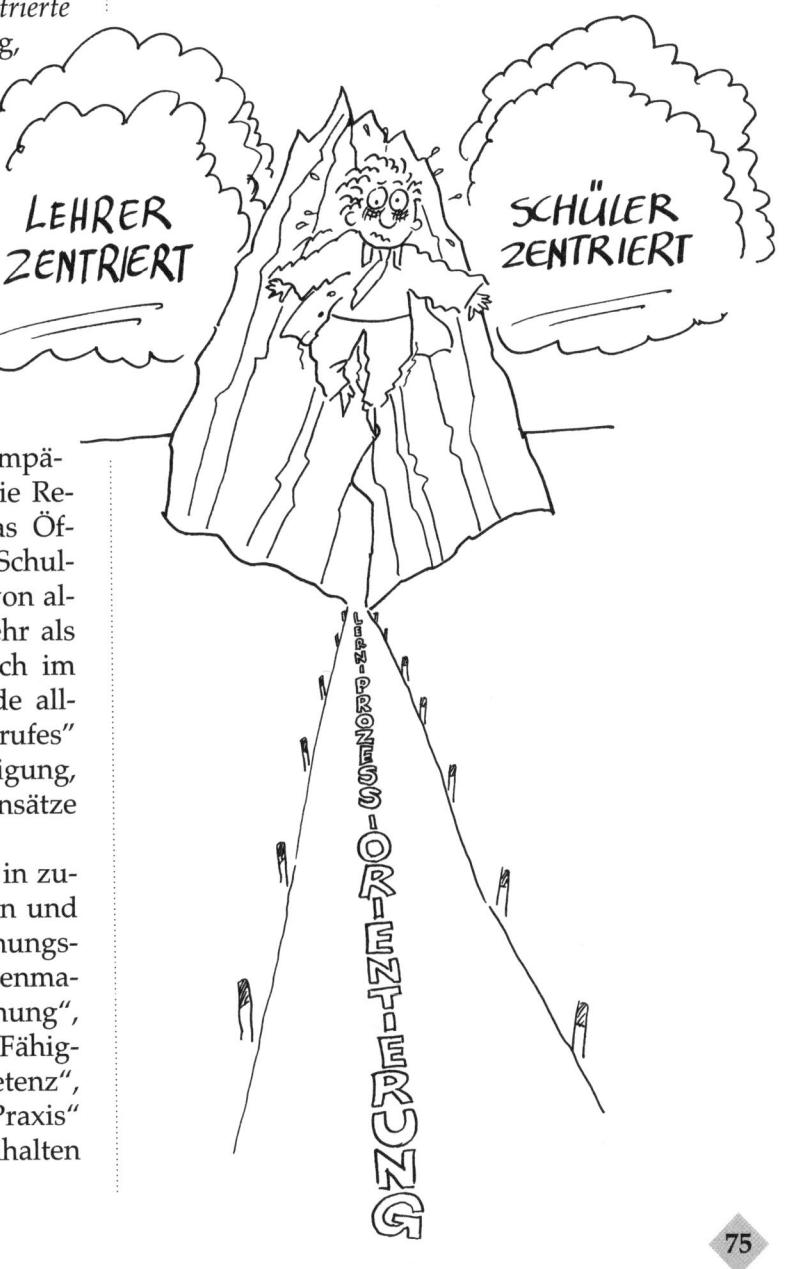

Zusammenfassende Thesen

Es erübrigt sich, darauf hinzuweisen, dass weder in der Schule noch im realen Familienleben ein derartiger Balanceakt zwischen Orientierung am „Superlehrer" versus „We don't need no education!" bzw. zwischen den Gedanken an „Eltern als Superpädagogen" und „Kinder an die Macht" wirklich gut gehen kann.

Der Hauptfehler in diesem Versuch einer *Gratwanderung zwischen lehrer- oder schülerzentriertem Vorgehen* besteht in der simplen Tatsache, dass hier *Personen*, die am Lerngeschehen ja jeweils nur Beteiligte sind, *als Hauptgrößen* angesehen werden.

Alles wird leichter, wenn man von diesen traditionellen Sichtweisen einmal ablässt.

Welche Bedeutung hätten LehrerInnen in einer Schule ohne Kinder – und umgekehrt?

Wo bliebe das Konfliktfeld im Generationskonflikt, wenn eine Generation gar nicht existierte?

In Wahrheit sind also die genannten Personen nur Teilnehmer am Geschehen und: *das Geschehen heißt „Lernprozess"*. Erziehen heißt, soziale Lernprozesse in Gang setzen, und bezogen auf unser Thema, auffälliges und störendes Verhalten verändern.

Im Mittelpunkt des Anliegens, einen solchen Prozess zu organisieren, sollte also der Prozess selbst stehen.

Es soll hier daher für eine *Orientierung* plädiert werden, die *so professionell wie möglich ist,* wenn es um den erziehlichen Umgang mit verhaltensauffälligen wie auch „normalen" Kindern in Schule und Familie geht, nämlich für eine

LERN-PROZESS-ORIENTIERUNG

Im Mittelpunkt dieser Orientierung steht der Prozess selbst. Welche der daran beteiligten Personen gerade eine Haupt- bzw. Nebenrolle einnimmt, wird von Fall zu Fall zu entscheiden, jedenfalls aber nicht die Hauptfrage sein.

5. Praktische Schlussfolgerungen
Vorschläge, Tipps, Tricks und Ideen

Wer mit dem Verhalten von Kindern oder Jugendlichen Schwierigkeiten bekommt, ist gut beraten, wenn er selbst ein etwas umfangreicheres Verhaltensrepertoire zur Verfügung hat als Schelten, Drohen, Moralisieren oder Jammern. *Verbale* und *reaktiv-defensive Handlungen* haben ohnehin erfahrungsgemäß die geringste Wirkung. *Sie führen eher zu Dramatisierungen, eskalieren Konflikte, erzeugen* bestenfalls *Angst* und bewirken so wiederholtes, oft sogar häufigeres, wenn auch vielleicht besser getarntes Auftreten des störenden Verhaltens. Deshalb sollten *Übungen* wie die folgenden am besten *präventiv* eingesetzt werden, vor allem aber *regelmäßig*, also *täglich* und *konsequent*.

Der Umgang mit Kindern, die als „schwierig" gelten, erfordert *Tricks*, *Phantasie* und auch *Authentizität* auf unserer Seite. Beim quengelnden Kleinkind kommt man oft gut *mit Ablenkung zum Erfolg*, beim Schulkind, ja sogar bei Jugendlichen könnte man ähnliche Reaktionsweisen vielleicht mit „Umlenkung" bezeichnen. Statt viel herumreden *viel Handlung anbieten*, den *Körper*, die *Sinne*, das *Denken* und damit zumeist auch die *Emotionen* beschäftigen, ist die Devise. Weil es dabei um das Erwecken eines Eindrucks „spielerischer Leichtigkeit und Lockerheit" geht, wie wir das vom Auftreten der Magier kennen, sei der Begriff „Tricks" hier verwendet.

Bei vielen Übungen geht es darum, das Handeln anderer erst einmal in Gang zu setzen und mit Interaktions- und Kooperationstechniken Konfliktfähigkeit und -bereitschaft einzuüben. *LehrerInnen, Eltern oder ErzieherInnen* sollten dabei „Mithandelnde" sein oder bestenfalls *aus dem Hintergrund das Geschehen anleiten*. Wir sprechen im Darstellenden Spiel in diesem Zusammenhang von einer sogenannten „gedeckten Formation", und auf diese GO („gedeckte Ordnung") wird bei einigen praktischen Übungen hingewiesen werden.

Ein *Hauptanliegen* muss die *Förderung* und Entwicklung des *eigenverantwortlichen, selbstständigen* und *selbsthelfenden Handelns* sein, weshalb viele Vorschläge die Sozialformen des Unterrichts bzw. Kommunikationsformen betreffen, die von traditionellen monologischen und dialogischen Formen wegführen. Der Einsatz wechselnder *Partnerarbeit* PA, der *Kleingruppenarbeit* GA oder von Übungen im *Sitz- oder Stehkreis* SK sowie mit *freien Wahlen der Arbeitsweise* und der *Arbeitspartner* FA wird bei den Beschreibungen der praktischen Übungen durch die genannten Kürzel veranschaulicht. Weniger häufig werden *frontale LehrerInnen-SchülerInnen-Interaktionen* F als Vorschlag für die Wahl der Sozialform vorkommen.

Alle Übungen sind mehrfach *praktisch erprobt*, und viele bieten weitere, in den folgenden Kurzbeschreibungen nicht immer angeführte *Variationsmöglichkeiten*.

Die Absicht, die hinter der zumeist knappen und wenig kommentierten Form der Darstellung liegt, ist, dass die LeserInnen anhand einer kurzen **ABSICHTSBESCHREIBUNG** (*„Das soll dabei herausschauen"*), einer **BESCHREIBUNG DES HANDLUNGSABLAUFES** (*„So kann's gehen"*) sowie einer **GRAFISCHEN DARSTELLUNG** und einigen **ZUSATZERLÄUTERUNGEN** theoretischer oder methodischer Art (*„Darüber kann man nachdenken"*) möglichst auf *einen Blick die Grundidee der Übung verstehen* und von daher einen *Transfer* auf ihre meist wieder sehr *spezielle Situation* herstellen können.

Auf Hinweise betreffend den Zeitaufwand wird zwar verzichtet, weil dieser von sehr vielen Variablen abhängen kann, doch sei vorweg festgehalten, dass die allermeisten Übungen nicht mehr als 30 Minuten dauern sollten, jene einmal ausgenommen, die Projekt- oder Workshop-Charakter annehmen können.

Dann sei hier noch ausdrücklich darauf hingewiesen, dass Kindern Übungen, die mit dem übrigen Lernanliegen scheinbar nichts zu tun haben, sehr leicht als „aufgesetzt" erscheinen. Es wird daher schon *bei der Präsentation* der Handlungen manchmal *irgendein Kontext* zu einem beliebigen *Fachinhalt exemplarisch* gewählt, oder es wird da und dort auf den möglichen Transfer bei den **ERLÄUTERUNGEN** hingewiesen werden, wie dieselbe Übung von den MathematikerInnen, SprachlehrerInnen usw. oder auch von Eltern und ErzieherInnen, ja vielleicht von den Kindern selbst in abgewandelter Form angewendet werden könnte. Das *Ziel* kann ja *nicht* sein, durch Übungen, die als vorbeugende oder Gegenmaßnahmen gedacht sind, alle Beteiligten auch noch *ausdrücklich* auf die Existenz einer *Störung hinzuweisen*. Man würde diese dadurch noch „wichtiger" machen, als sie es ohnehin schon ist, und damit Gegenmaßnahmen kontraproduktiv einsetzen.

Zuletzt sei noch darauf hingewiesen, dass es sich als äußerst effektiv herausstellte, wenn über den Einsatz solcher Maßnahmen wenigstens in allereinfachster Form Buch geführt wird.

Wer Evaluationsmethoden aus der begleitenden Aktionsforschung (vgl. *Altrichter, H.* und *Posch, P.*, 1990) für zu aufwendig ansieht und Protokollierungen in einem persönlichen „*Pädagogischen Tagebuch*" für zu zeitraubend hält, könnte eventuell das folgende *Schema zur Bewertung der Erfahrungen* mit einzelnen Maßnahmen nützen, um auf diese Art z. B. später eigene Erfahrungen mit denen anderer vergleichen zu können.

Die folgenden Absätze erläutern die einzelnen Übungsgruppen.

5.1. „Lernpsychologische Tricks"

Aus der Lernpsychologie ist bekannt, dass die „Auslöschung" eines störenden Verhaltens eigentlich die sogenannte „Nicht-Verstärkung" dieses Verhaltens erforderte.

Dies bedeutet, das totale „Ignorieren" eines Fehlverhaltens wäre ein recht interessantes und auch Erfolg versprechendes Reaktionsmuster. In der Praxis ist es allerdings, aufgrund der Beeinträchtigung durch die Störung, de facto äußerst schwer durchführbar.

> Ein Trick, der sich hinter den Beispielen ab Seite 82 verbirgt und den Lerntheorien abgeschaut wurde, ist die Anwendung des folgenden Reaktionsmusters:
> „Fehlverhalten, soweit dies möglich ist, ignorieren, vor allem aber auf erwünschtes Verhalten mit positiver Verstärkung reagieren."

5.2. „Ganzkörperliche Tricks"

Am Verhalten eines Menschen ist immer sein ganzer Körper beteiligt. Kinder, die als verhaltensgestört erlebt werden, werden häufig als „unausgeglichen", „aus dem Lot, dem Gleichgewicht geraten", „starr" und „störrisch" in ihren Verhaltens- und Denkweisen u. Ä. m. bezeichnet. Wenn das soziale Verhalten aber mit der Körpersteuerung eng verknüpft ist, wie wir eingangs feststellten, müssten sich ja auch in diesen Bereichen Unausgeglichenheiten, Erstarrungen, Einseitigkeiten oder andere Defizite und Symptome zeigen.

Und in der Tat kann in der Praxis immer wieder erlebt werden, dass verhaltensauffällige und gestörte Kinder irgendwelche defizitäre Symptome der Körpersteuerung aufweisen.

Viele haben arge motorische Koordinationsmängel, die meisten stark einseitig ausgeprägte Wahrnehmungsleistungen, fast alle, aus meiner praktischen Erfahrung, haben größte Probleme mit dem Körperschema und reagieren homolateral, können nur sehr schwer Überkreuzübungen mitmachen, etliche haben schwerste Beeinträchtigungen im Konzentrationsvermögen und leiden unter Schwächen der fokussierten (gerichteten), distributiven (verteilten) oder selektiven Aufmerksamkeit oder gar unter allem gleichzeitig und einige sogar unter Verdauungs-, Kreislauf-, Haut- und

Nervenproblemen oder psychosomatischen Erkrankungen, die ärztliche Betreuung notwendig machen.

Die praktischen Beispiele ab Seite 86 setzen daher bewusst bei den körperlichen Steuermechanismen an, weil es nahe liegt, dass die beschriebene Beziehung auch umgekehrt gesehen werden kann, dass also Ausgeglichenheit im körperlichen Sinn auch zu mehr Ausgeglichenheit im Sozialverhalten führen müsste.

> Der einfache Trick, der sich hinter allen Beispielen verbirgt, lautet:
> Gelingt es, ausgleichenden, stärkenden Einfluss auf körperliche Funktionen zu organisieren, kann damit auch das Sozialverhalten positiv beeinflusst werden.

5.3. „Kommunikationstricks"

Ein verhaltensauffälliges oder -gestörtes Kind lässt sich, aus der Sicht der dadurch beeinträchtigten Personen, de facto niemals wirklich isolieren, selbst wenn dies immer wieder fälschlicherweise versucht wird. Dies zeigen die praktischen Erfahrungen, und eine Hauptursache dafür ist die schon im Theorieteil angesprochene Tatsache, dass sich ein Mensch eben nicht „nicht verhalten", demnach innerhalb eines sozialen Gefüges wie einer Schulklasse oder Familie niemals „nicht kommunizieren" kann. Der „Weggesperrte" und „Ausgestoßene" ist in seiner Ausgrenzung, ja durch diese zumeist noch verstärkter, für alle „präsent". Nicht selten dreht sich alles um ihn, und obwohl er vielleicht andere gar nicht mehr stören kann, reden sich diese auf ihn aus, wenn es beispielsweise darum geht, eigene Kommunikations- und Handlungsunfähigkeiten zu erklären.
Außer diesem Phänomen ist aber in der Praxis auch immer wieder beobachtbar, dass „Störer" wie „Gestörte" gleichermaßen Schwierigkeiten im Umgang mit dem Erlebbarmachen von eingeschliffenen Kommunikationsmustern haben. Es muss auch ein metakommunikatives Verständnis, eine Einsicht über eingeübte Fehler in der Kommunikation aller Betroffenen erreicht werden, damit diese verbessert und der Leidensdruck gemindert werden kann.

> Die Beispiele ab Seite 94 basieren also auf dem „Schleudertraining-Effekt-Trick":
> Es werden dabei nonverbale und verbale Kommunikation in wenig oder unbelasteten Situationen trainiert, damit dabei richtiges Kommunikations- und Metakommunikationsverhalten in dem Maße erworben oder gefestigt werden kann, dass zumindest Bruchstücke davon später auch in Konfliktsituationen genützt werden können.

5.4. „Empathie-Tricks"

Erfahrungsgemäß ist es eines der schwierigsten Vorhaben, einen Menschen dazu zu bringen, sich in die Position jener hineinzudenken, die seine Gefühlsreaktionen im positiven wie auch im negativen Sinne stark herausfordern. Nicht umsonst gilt in der Psychoanalyse die Regel der Vermeidung von Gegenübertragungen, derzufolge Therapeuten ab dem Augenblick eine Therapie nicht mehr fortsetzen sollten, wenn sie sich in die von ihnen therapierte Person verliebten. Besonders schwer ist es daher, aus der Warte des auffälligen oder störenden Kindes, wie auch aus der Warte der davon beeinträchtigten Personen, den Prozess des sich Einfühlens (Empathie) überhaupt in Gang zu setzen.
Die größte Gefahr liegt dabei in der Tatsache, dass es entweder zu übertriebenen Schuldzuschreibungen kommt oder aber dass auf Seiten der LehrerInnen oder auch Eltern das Versagen des Kindes in ursächlichen Zusammenhang mit dem eigenen Versagen, nämlich als ErzieherIn unfähig zu sein, gebracht wird. Fehlreaktionen können sein:
- übertrieben negativ sanktionäres Handeln, also das Androhen oder Durchführen zu strenger Maßnahmen,

- übertrieben positive Sanktionen und
- mitleidig-inkonsequente Reaktionen.

Die Idealforderung nach „liebevoller Konsequenz" bleibt zumeist nur eine theoretische Erkenntnis, und damit eine „Kürübung", solange ihr die „Pflichtübung" „Empathie zeigen" nicht vorausging.

Aus der psychologischen Praxis zeigt sich, dass der Einsatz sogenannter „projektiver Methoden" recht gut einen spielerischen Zugang zu den Gefühlen und zum Denken anderer schaffen kann.

> Die Beispiele ab Seite 106 nützen diese Methode als Trick:
> Durch Spielformen wird die Äußerung von Einstellungen, Gefühlen, Motivationen und Gedanken provoziert, sodass diese auch von anderen nachvollzogen werden können.

5.5. „Manipulative Tricks"

Schon im Theorieteil dieses Buches ist immer wieder ein Bekenntnis zu einer positiven Sicht von Konflikten abgelegt worden. Diese Sichtweise beinhaltet nicht nur das Ausloten der Chancen, die eine Störung zur Verbesserung der Beziehungen von Menschen enthält, sondern auch eine starke Zukunftsorientierung. Die Freude an der Umsetzung von Maßnahmen, die dabei immer wieder als wichtiges Element betont wurde, mögen einige LeserInnen vielleicht als „Zweckoptimismus" abwerten, da es tatsächlich schwer vorstellbar ist, wie Leute, die sich einerseits gestört und beeinträchtigt fühlen, auf der anderen Seite solche, die sich isoliert, ungerecht behandelt und bestraft fühlen, Spannung, Neugier und sogar Freude im Umgang mit diesen Schwierigkeiten empfinden sollten.

Doch unabhängig von den Konflikten, die in einer Klasse oder Familie existieren mögen, sind Menschen zur Phantasie fähig, ja es bereitet ihnen sogar eine besondere Freude, sich Illusionäres, Phantastisches, Unglaubliches und Märchenhaftes vorzustellen. Sciencefictionfilme oder das Genre der Grusel- und Kriminalfilme, die literarische und auch alle anderen Sparten der Kunst, die verschiedenen religiösen Weltanschauungen und, hier besonders hervorzuheben, die kindliche Märchenwelt mögen hierfür als Beispiele angeführt sein. In entsprechenden Übungen kann dieser Wunsch des Menschen, die Wirklichkeit zu manipulieren, genützt werden, um damit Räume, das Gesprächsklima, das Schul- oder Familiengeschehen, die Strukturen von Systemen oder gar die gesamte Gesellschaft zu manipulieren. „Was-wäre-wenn?"- und „Als-ob…"-Situationen stellen für die Beispiele ab Seite 116 die Grundlage dar.

> Der Trick, der hinter den Übungen steckt, will allerdings zweierlei:
> Einerseits sollen Vorstellungen darüber entwickelt werden, wie veränderte, manipulierte Situationen aussehen könnten und welche Auswirkung die Manipulation hätte, andererseits soll dabei auch geübt werden können, Situationen im positiven Sinn tatsächlich so zu manipulieren, dass sich der Leidensdruck verringert.

5.6. „Lustgewinn-Tricks"

Wir haben schon im Kapitel 4.6. festgehalten, dass die Freude am Handeln die zentrale Antriebskraft für die Veränderung eines Verhaltens darstellt. Dies gilt für alle Lernprozesse, und somit auch für das soziale Lernen. Es ist daher immer wieder notwendig auszuloten, was bei wem überhaupt zu einem Lustgewinn beitragen könnte. Allerdings ist schon die Aussicht auf freudige Ereignisse, auf angenehme Handlungen, Lob oder andere positive Verstärker etwas, das den Lustgewinn fördert. Einen Urlaub zu planen, macht der Vorfreude auf das bevorstehende Ereignis wegen schon recht viel Spaß, Wunschlisten zu erstellen, natürlich ebenso.

Auch die Möglichkeit, ein „gewichtiges Wort" mitreden zu können, Ziele und Inhalte mitbestim-

men zu können, also einfach wichtig und von Bedeutung zu sein, lässt Freude aufkommen.
Da der Mensch ein soziales Wesen ist, kann oft auch dadurch Lustgewinn erreicht werden, dass dem verhaltensauffälligen Kind oder Erwachsenen die Möglichkeit zu helfen gegeben wird, und in allen Kulturen dieser Erde gehört das Gestalten und Abhalten von Festen und Feiern zu den Höhepunkten der Freude am Zusammenleben der Menschen.

> Der Trick, der sich hinter den Beispielen ab Seite 124 verbirgt, ist also das Ausnützen der Tatsache, dass Kinder und Jugendliche gerne antizipieren, was ihnen Freude macht, was ihnen Lustgewinn verschafft, und sie schon beim Gedanken an gewisse Tätigkeiten und Ereignisse, mehr aber noch bei der Durchführung und dem Eintreten derselben nicht nur Lustgewinn erzielen, sondern auch ihr Sozialverhalten verbessern können.

5.7. „Lernprofi-Tricks"

Werden Lernprozesse unter Ausnützung möglichst vieler Erkenntnisse aus der Lernforschung organisiert – und dies ist bei sozialen Lernprozessen besonders nötig –, so bedarf dies eines soliden pädagogischen Handwerkes und viel Phantasie und Beweglichkeit. Starres und schematisches Denken führt im Umgang mit verhaltensauffälligen Kindern und Jugendlichen kaum zu Verbesserungen der Situation. Oft kommt es darauf an, Ungewöhnliches, vom Alltagsgeschehen Abweichendes und Neues zu tun, also den Überraschungseffekt zu nützen und eine der Haupttriebkräfte des Lernens, nämlich Neugierde und Spannung, ins Spiel zu bringen.
Da auch der Zeitfaktor, wie überhaupt der Faktor „Lernorganisation", eine besonders wichtige Rolle im Umgang mit Verhaltensschwierigkeiten spielt, können Übungen, die zur Verbesserung der Lernorganisation oder der selbstständigen Zeiteinteilung dienen, besonders gut zu erwünschten Verhaltensänderungen beitragen oder Störungen erst gar nicht aufkommen lassen.
Sehr wichtig ist auch das Einschleifen von Verhaltensmustern der Kontrolle, vor allem der Selbstkontrolle. Dies gilt für Kinder und Jugendliche, aber auch für LehrerInnen und Eltern, die sich immer wieder die Frage stellen sollten:
Was kann das Kind **alleine** oder bei Zurücknehmen der Anleitung schon schaffen?

> In den Beispielen ab Seite 130 wird von jenem Trick gesprochen, der eines der wichtigsten Ergebnisse der Lernforschung zu nützen sucht, nämlich „selbstständiges Handeln zu fördern".
> Die Förderung der Selbstständigkeit wird hier im praktischen Umgang mit Verhaltensauffälligen anzuwenden versucht, um dadurch Störungen und Beeinträchtigungen begegnen oder sie überhaupt vermeiden zu können.

5.1. „Lernpsychologische Tricks"

5.1.1. Beispiel: „Systematische Desensibilisierung"

◆ Ein als störend erlebtes Verhalten soll bei allen Beteiligten in Vergessenheit geraten und systematisch durch positive Erlebnisse mit dem störenden Kind ersetzt werden.

◆ Für das störende Kind werden Gelegenheiten geschaffen, allen am Sozialgeschehen Beteiligten systematisch positiv aufzufallen und dadurch die Sensibilität für negative Erwartungen zu senken, aber es auch für das auffällige Kind schwieriger zu machen, sich Zuwendung durch Negativverstärkung zu holen.

„Positive Verantwortung übertragen"

Kinder, die das Image haben, „Störenfriede" zu sein, werden in einer Gemeinschaft gerne für alles, jedenfalls aber auch für viel Negatives verantwortlich gemacht, das sie gar nicht getan oder verursacht haben. Sie lernen rasch, dadurch im Mittelpunkt zu stehen, und erleben die permanente Ausgrenzung, den Tadel, ja sogar die Strafen im Sinne einer Zuwendung als etwas „Positives".

Durch systematisch gesteigertes Übertragen von *Verantwortung im positiven Sinn* kann, trotz immer wieder zu erwartender Rückschläge, diesem Negativmuster für alle erlebbar „der Wind aus den Segeln" genommen werden.

Zuerst gilt es einmal auszukundschaften, *welche* für die Klassen- oder Familiengemeinschaft positiven und bedeutsamen *Leistungen oder Verhaltensweisen* vom verhaltensauffälligen Kind auch als *bedeutsam und leistbar* angesehen werden. Erst dann können gewisse Tätigkeiten von dem Kind, das wir einmal mit X bezeichnen wollen, übernommen werden und ein von der ganzen Klassengemeinschaft (Familie) akzeptierter *Kontrollplan* erstellt werden, der X die *Gelegenheit*, für alle nachvollziehbar, gibt, „*Pluspunkte*" von anderen, aber auch von sich selber *zu sammeln*. Ein derartiger *Belohnungsplan für positive Verantwortungen* könnte folgendes Aussehen haben:

Bedeutsame Situationen	Tag	von Erwachsenen (LehrerIn, Mama, Papa)	von MitschülerInnen	von mir selbst
	MO			
	DI			

Praktische Schlussfolgerungen

Bei einem Kind, das z. B. zu Wutausbrüchen neigt, könnten die *Eintragungen* folgenden Inhaltes sein:

1. Selbstberuhigung

(1, 2, 3, 4,...)	Ich werde nicht wütend.
Psst	Ich bleibe ruhig.

2. Reaktionsverzögerung

(1, 2, 3, 4,...)	Ich zähle bis 20, bis ich handle.
	Ich gehe weg, statt zu schlagen.

3. Eingehen auf andere

	Ich rede mit anderen in Ruhe.
	Ich zeige, dass es mir Leid tut.

4. Vorsätze

	Das nächste Mal mache ich es besser.
	Das nächste Mal mache ich es anders.

DARÜBER KANN MAN NACHDENKEN:

◆ Eine passende Gelegenheit für die Einführung derartiger Tätigkeitsprotokolle muss genützt werden. Als günstig erweisen sich die nach einer „Grenzüberschreitung" zumeist aus Angst vor Strafe auftretenden „Reuephasen". Dem auffälligen Kind gerade dann die Angst vor einer Bestrafung zu nehmen und ihm ein konstruktives Handlungs- und Selbstkontrollangebot zu machen, kann nicht nur deeskalierend sein, sondern auch die für die Betroffenen so wichtige Hoffnung auf Milderung des Leidensdruckes bewirken. Da es sich bei diesen Maßnahmen allerdings immer um längerfristige handeln muss, kann niemals 100%iger Erfolg erwartet werden.

5.1.2. Beispiel: „Ausmisten und weglassen" etc.

◆ Auffälliges oder störendes Verhalten soll in seinen Auswirkungen durch Verminderung der Anforderungen an das Kind, aber auch durch sinnvolle zeitliche Begrenzungen der Kontakte mit Betroffenen vermindert oder gar unmöglich gemacht werden.

„Stoffdruck- und Stoffreduktion"

Diese Maßnahme wird leider viel zu selten genutzt. Obwohl es sich in der Praxis ohnehin immer wieder ergibt, dass durch lähmende Lamentos in Schule und Familie die Bearbeitung vieler Lerninhalte auf der Strecke bleibt, wird viel zu selten daran gedacht, vor allem *bei Störungen lernschwächenbedingter Art*, das *Verringern der Anforderungen* zu überlegen. Zuerst muss immer die Lehrperson selbst sich *vom Stoffdruck befreien*. Wer völlig gesund ist, kann sich eben körperlich mehr zumuten als ein verkühlter Mensch. In einer Konfliktklasse bzw. -familie kann, zumindest eine gewisse Zeit lang, eben auch nicht derselbe Input erfolgen wie in einer problemlosen Klassen- oder Familiengemeinschaft, ganz abgesehen davon, dass der Umfang des Inputs noch lange nichts über die Qualität des Outputs aussagt.

Besonders wichtig kann es aber sein, die *Leistungsanforderungen für das auffällige Kind differenziert zu stellen*. Erledigte *„Miniaufgaben"* sind auf dem Weg zu einer besseren Arbeitshaltung allemal zielführender als Dauerklagen über täglich fehlende Aufgaben im Konferenzzimmer und „Nicht-Genügend-Botschaften" an das Kind, die von diesem bestenfalls dadurch in „positive" Verstärker umgewandelt werden können, dass es mit seiner „Wurstigkeit" gegenüber Forderungen der LehrerInnen vor seinen MitschülerInnen in der Klassengemeinschaft prahlt.

„Zeitreduktionen"

Gemeint ist hiermit, alle Möglichkeiten zu nützen, einem auffälligen Kind auch einmal *„time out"* zu *geben*. Wie kommen alle anderen Kinder einer Klasse, alle anderen Familienmitglieder dazu, sich permanent den Konflikt von oft nur zwei Personen einer Gemeinschaft anzuhören und mitzuerleben?

Das störende Kind muss und *kann nicht* immer an Ort und Stelle *„entstört"* werden, aber man kann, ohne dies als Bestrafung vorzutragen, diesem Kind *alternative Tätigkeiten anbieten,* ja sogar vorschreiben. Wenn X nicht mehr in der Lage ist, dem gemeinsamen Unterricht zu folgen, kann X sich in einer entsprechend räumlich gestalteten Klasse *in der Leseecke* bei einer *Hör- oder Musikkassette* beruhigen, vielleicht sogar, nach Absprache mit Eltern und Schulleitung, eine Zeit lang überhaupt *früher am Tag aus dem Unterricht entlassen* werden oder den Unterricht *später beginnen*. Dieses Kind kann auch einmal *in einer „fremden" Umgebung*, also einer anderen Klasse, *Aufgaben erledigen* und kommt dann nicht selten recht gerne wieder in die vertraute Gemeinschaft („nach Hause") zurück.

DARÜBER KANN MAN NACHDENKEN:

- Es bleibt hier auch nicht erspart, die Möglichkeit einer Trennung von LehrerIn und Kind durch die Organisation eines LehrerInnenwechsels zu erwähnen. LehrerInnen sind auch nur Menschen, und es macht m. E. wenig Sinn, völlig entnervte Lehrpersonen täglich weiter mit Situationen zu konfrontieren, denen sie, für alle längst sichtbar, nicht mehr gewachsen sind.

5.2. „Ganzkörperliche Tricks"

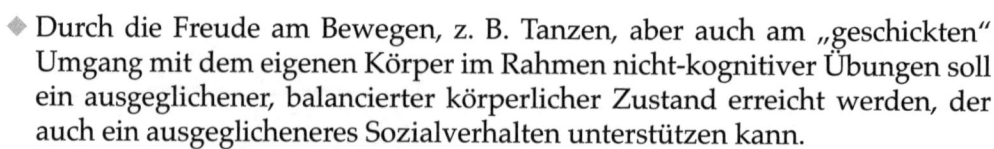

5.2.1. Beispiel: „Bewegungs- und Lateralitätsübungen"

◆ Durch die Freude am Bewegen, z. B. Tanzen, aber auch am „geschickten" Umgang mit dem eigenen Körper im Rahmen nicht-kognitiver Übungen soll ein ausgeglichener, balancierter körperlicher Zustand erreicht werden, der auch ein ausgeglicheneres Sozialverhalten unterstützen kann.
◆ Die Freude an solchen Übungen soll zur Aufnahme gewisser Techniken in das Verhaltensrepertoire der Kinder führen, sodass diese solche Übungen später auch selbststeuernd dazu einsetzen, sich körperlich in einen ausgeglicheneren Zustand zu versetzen.

„Imitieren und Spiegeln"

Am günstigsten ist es, bei diesen Übungen als Lehrperson oder Elternteil anfangs *„als Modell"* einfachste *Bewegungsmuster* vorzugeben, die im *Schwierigkeitsgrad* und dem *Tempo*, aber auch der *Intensität* der Ausführung (heftig/zart usw.) *gesteigert* bzw. *variiert* werden. Nach dem „Imitieren eines Vorbildes", das im [SK] oder in [F]-Ordnung durchgeführt werden sollte, um einmal für alle einige Ideen möglicher Bewegungen vorzugeben, kann in der „Spiegeltechnik" in [PA]- oder auch [GA]-Formationen weitergearbeitet werden. In der Kleingruppenarbeit ist es möglich, *mehrere „Modelle"* einzusetzen, die durchaus *unterschiedliche Vorgaben* machen könnten, was nicht nur die Gelegenheit gibt, mehrere (Problem-)SchülerInnen „wichtig" sein zu lassen, sondern auch die Chance eröffnet, *in Stationen* weiterzuarbeiten, indem die Beteiligten die „Modelle" auf ein Signal hin wechseln. Der *Einsatz von Musik* ermöglicht es, den *Lustgewinn* zu steigern, sowie durch entsprechende Musikauswahl zu *steuern* und mit genauer *Zeitbegrenzung* zu arbeiten.

Möglicher didaktischer Aufbau der Anweisungen

> Aufstehen! Setzen! Aufstehen! Beide Arme hoch! Setzen! Beide Hände flach auf den Tisch! Überkreuzen! Aufstehen! Einmal umdrehen! Setzen! Linker Arm hoch! Rechter Arm hoch! Setzen! In die Knie! Aufstehen! Überkreuzen der Beine! Setzen! Öffnen der Beine! Kreuzweise Hände auf die Oberschenkel! Aufstehen! Kreuzweise die Ohren anfassen! So hinsetzen! Hände flach auf den Tisch! Daumen anheben! Daumen wieder nieder! Zeigefinger hoch! Nieder! Aufstehen! Umdrehen! Setzen! Aufstehen! Setzen! Aufstehen! Arme hoch! Linke Hand – Faust! Aufmachen! Rechte Hand – Faust! Aufmachen! Hände kreuzweise auf Oberschenkel! Arme hoch! Hände auf Oberschenkel – anders überkreuzen! Wieder anders! Noch einmal! Schneller! Hände auf Po! Überkreuzen! Wechseln! (Öfter wiederholen – Tempo steigern!) Setzen! Augen zu! Hände auf den Tisch! Flach! Faust! Flach! Faust! Flach! Kleiner Finger links hoch! Kleiner Finger rechts hoch! Warten! Wird er warm? Arme verschränken! Anders verschränken! (Öfter wiederholen – Tempo steigern!)

Praktische Schlussfolgerungen

Varianten:

- PA → Spiegeln!   GA → „Modelle" wechseln
- *Bewegungen mit Inhalten* verbinden – z. B.: Beim Aufstehen 7 mal 7, beim Hinsetzen „49" rufen oder bei jeder 1. Bewegung Nennform, z. B.: „sprechen", bei jeder 2. Bewegung „er spricht", bei jeder 3. Bewegung „er sprach" usw. sagen. (Analoge Übungen sind mit den Inhalten aller Fächer möglich.)

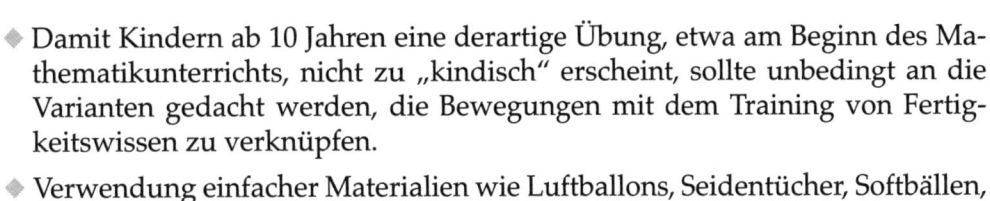

- Damit Kindern ab 10 Jahren eine derartige Übung, etwa am Beginn des Mathematikunterrichts, nicht zu „kindisch" erscheint, sollte unbedingt an die Varianten gedacht werden, die Bewegungen mit dem Training von Fertigkeitswissen zu verknüpfen.
- Verwendung einfacher Materialien wie Luftballons, Seidentücher, Softbällen, Schreibartikel (Bsp.: „Nimm einen Radierer, jetzt den Bleistift, den Spitzer … zum linken Ohr, rechten Ohr, zur Nase, zum linken Knie" usw.)
- Falsche Bewegungen registrieren, aber nicht sofort korrigieren!   GO

Nach „Aktivierung" langsamer werden, Wahrnehmungsausschluss (Augen zu!) und eventuell direkt in Sensibilisierungsübungen einsteigen (PHANTASIEREISE).

5.2.2. Beispiel: „Stilleübungen"

◆ Die Stille soll als „tolles" Erlebnis, als etwas Spannendes, etwas Sensationelles erlebt werden können.

◆ Die durch Stilleübungen erzielte „innere Ruhe" soll unmittelbar für kognitive Lernsequenzen oder als Ausgangspunkt für folgende Kreisgespräche zu Konfliktthemen nutzbar gemacht werden können.

„Pendelübungen"
(Vgl. auch *Kret, E.*, 1993, S. 116)

Ein Pendel ist ein hervorragendes Mittel, um Kinder in höchste Aufmerksamkeit und Stille zu versetzen. Hier soll zur „Pendel-Satz-Bild-Übung" nur ein *Arbeitsblatt* für die Hand des Kindes ergänzt sowie darauf hingewiesen werden, dass diese Übungen eine sehr gute Gelegenheit bieten, *auffällig unruhige*, aber auch besonders *leistungsschwache Kinder als „Helfer" und Mitgestalter* der Übung „einzubeziehen". Sie können als *„PendelschwingerInnen"*, *„SprecherInnen"* (ab der 2. Runde sollen ja außer der Anzahl der Pendelschwingungen auch kurze Sätze gemerkt werden), als *„PräsentatorInnen"* (ab der 3. Runde) oder als *„SchiedsrichterInnen"* eingesetzt werden, die sich eben nur die Pendelschwingungsanzahl, nur die Sätze oder nur merken, was auf der Bildtafel präsentiert wurde.

Runde	Pendel	Satz	Bild	Punkte
1.				
2.				
3.				
4.				
5.				
6.				
7.				

„Nachrichten weitergeben"

Bei allen „Stille-Post"-ähnlichen Übungen sollte ein *passendes Ambiente* geschaffen werden. Dazu gehört z. B., dass in *leicht abgedunkeltem Raum* gearbeitet wird, die *Erklärungen langsam* und bei schrittweisem *Absenken der Lautstärke* der Stimme erfolgen usw. Es soll signalisiert werden, dass „knisternde Spannung" *eng mit Stille verbunden ist*. Eine Vorübung dazu kann durchaus aus der Bewegung kommen. Zum Beispiel: Erst im [SK] einander *zuklatschen* mit Zuwenden des Blickes *im Uhrzeigersinn* (Tempo zuerst steigern), dann „mitten durch den Raum" einem *„gegenüberliegenden Mitspieler zuklatschen und ein Wort zuflüstern"*, etwa *„nass"*, wobei *der nächste* dann die Übersetzung ins Englische mit einem Zuklatschen und dem Flüstern des Wortes *„wet"* an eine nächste Person, die wieder mit einem deutschen Wort beginnt, weitergeben könnte.

Nun können auch *Gesten, Bewegungen u. Ä. im Kreis* oder *in einer Staffel weitergegeben* werden. Dabei wird am Ende zumeist der Fehler gemacht, den Kindern nur zu beweisen, wie sich die Botschaften bei der Weitergabe verändert haben. Besser ist es, neben der positiven Spannungserfahrung *auch den Erfolg zu organisieren*, dass Botschaften tatsächlich ankommen können, wie z. B. beim Weitergeben eines Händedruckes oder einer *„Weckübung"* (Alle Augen zu – alle wecken einander reihum auf), bei der jeder das Erfolgserlebnis einer zarten Berührung hat. Jedenfalls sollen Fehler bei der Weitergabe auch aufgespürt und die *Stilleübung* soll mit Geduld *so lange wiederholt* werden, *bis sie fehlerlos abläuft*.

- ◆ Wer viel spricht, „verkauft" Stilleübungen schlecht! Handeln lassen!
- ◆ „Pendel-Satz-Bild" täglich als Möglichkeit einsetzen, in ein Stoffgebiet einzusteigen oder SchülerInnenwissen zu überprüfen!
- ◆ Nicht zu schwere Aufträge gleich am Anfang (z. B. „Wasserschalen weitergeben" bei der ersten Übung).
- ◆ Für Jugendliche ankündigen, dass es schwieriger wird, damit sie es nicht für zu „kindisch" halten. Beispiel: Zuerst „Schwerkraftgleiter" (Stehen mit überkreuzten Beinen –, Oberkörper nach unten – Arme hängen lassen, evtl. Augen zu – dann Arme schwingen lassen) als „Warming-up-Übung", dann mit einer Hand „liegende Acht" in die Luft zeichnen, dann mit der anderen Hand „stehende Acht", am Ende beides gleichzeitig (erst mit Tafelbild-Hilfe, dann ohne). [GO]

5.2.3. Beispiel: „Sensibilitätsübungen"

◆ Den eigenen Körper bewusst wahrnehmen können.
◆ Sinneserfahrungen als spannende, sensationelle Erlebnisse einordnen lernen und dadurch bewusster mit den eigenen Wahrnehmungen, aber auch den Sinneswahrnehmungen anderer umgehen können.

„Ungewöhnlichkeiten – Überraschendes tun"

Die einfachste Möglichkeit, zu sensibilisieren, besteht darin, etwas zu tun, was von einem nicht erwartet wird. Dazu gehört etwa, statt „Ruhe!" zu brüllen *„Ich bitte um Ruhe – Halskatarrh!" an die Tafel* zu schreiben oder auch nur *forschen und raschen Schrittes durch die Klasse* zu „rennen". Die Erstaufmerksamkeit ist einem sicher. *Dann* mit *Dankeswort* für die geschenkte Aufmerksamkeit *und ohne Lamento* über das Lärmchaos *sofort „in medias res" gehen*. Bei kleineren Kindern bietet sich die Umsetzung der Erkenntnisse der *klassischen Konditionierung* etwa durch den Einsatz eines zarten *„Triangel-Tones"* oder auch nur das Hochhalten *von „Signaltafeln"* an.

„Geisterbahn"

Dies ist eine gleichermaßen beliebte wie wirkungsvolle Übung, weil sie in die Abteilung *„Gruseln macht Spaß"* fällt. *Alle Beteiligten stellen sich* im Raum (Möbel an der Wand / Turnsaal) *breitbeinig auf und strecken ihre Arme waagrecht aus*. Die *„GeisterbahnfahrerInnen" sollen den Raum* nun von einer Wand zur gegenüberliegenden mit geschlossenen Augen so *durchqueren*, dass sie *nirgendwo anstoßen*. Sie werden dabei *von allerlei gruseligen Geräuschen*, Stimmen usw. geleitet, die *von den „Geisterbahnfiguren"* erzeugt werden. Eine gute *Variante* zur Hör- und Gedächtnisschulung ergibt sich, wenn jede „Geisterbahnfigur" auf gruselige Art immer wieder einen zuvor vereinbarten *Begriff* vor sich hin sagt und die „GeisterbahnfahrerInnen" *am Ende* versuchen sollen, *so viele Begriffe wie möglich* zu *nennen* oder *aufzuschreiben*. GA

„Shattering"

Bei dieser Übung, die ebenfalls der *Hörsensibilisierung* dienen kann, werden zum Aufwärmen Gegenstände fallen gelassen oder auf dem Tisch oder der Tafel gerieben. Die Gegenstände sollen am erzeugten Geräusch erkannt werden. (Rückmeldungen in ein vorbereitetes Arbeitsblatt eintragen lassen, dann kommt jeder dran.) Man setzt mit Klopfzeichen fort, es sollen also nicht nur die

Art, sondern auch die Anzahl der Auftretungshäufigkeit registriert werden – auch das Erkennen bestimmter Reihenfolgen kann gefordert sein. Nun soll jeder *einen Begriff oder kurzen Satz* evtl. nach Vorgabe, und zwar alle *gleichzeitig, wiederholt vor sich hin sagen*. Die *Lautstärke* wird *durch* eine/n *Dirigenten/In* gesteuert. Anschließend könnte aufgeschrieben werden (z. B. GA oder PA), welche Begriffe, Sätze etc. „erhört" werden konnten (Ertragsicherung).

„Lasst euch nicht erwischen!"

An 6 Plätzen im Raum werden *6 DIN A3-Blätter* aufgelegt sowie *Schreibmaterial. Eine Person* (meist LehrerIn) steht mit dem Gesicht zur Wand und gibt mit einer *Handtrommel* das Tempo vor, in dem *alle anderen* durch den Raum *gehen, schleichen usw.* sollen. Solange die Trommel in Aktion ist, können nun *an den 6 Stationen Aufgaben erledigt werden*. Ein Beispiel wäre:

1. Station: Einen Merksatz 5 x untereinander schreiben.

2. Station: Eine kurze Geschichte nach Stichworten verfassen.

3. Station: Eine Skizze des 1. Stockes des Schulgebäudes anfertigen.

4. Station: 5 Gesprächsregeln aufschreiben.

5. Station: Die Umrisse Afrikas und 5 Städte einzeichnen.

6. Station: Eine Rätselfrage beantworten.

Immer, *wenn die Trommel ganz laut* geschlagen wird, müssen *alle verstummen* und in ihren Bewegungen *erstarren*. Die *Trommelperson versucht*, nach dem „Paukenschlag" *durch rasches Umdrehen jemanden* in Bewegung oder beim Sprechen *zu erwischen*. Gelingt ihr das öfter als 10-mal oder sind alle Aufgaben erledigt, ist die Übung aus.

- Im Allgemeinen finden Kinder und auch Jugendliche bewusste Sinneserfahrungen toll und wirklich spannend, doch gerade Verhaltensauffällige haben damit oft große Probleme und dürfen bei diesen Maßnahmen keinesfalls überfordert werden – Freiwilligkeit der Teilnahme unbedingt respektieren. Diese Kinder zuerst vielleicht als „Helfer" einbauen.

- Die Augen schließen ist nicht einfach – Freiwilligkeit beachten!

- Wegen der sehr oft vorhandenen Hörkanaldefizite dienen die genannten Übungen vorwiegend dem Hörtraining. Analoge Übungen für den Sehkanal oder die taktile Wahrnehmung lassen sich ebenfalls einfachst organisieren (KIM-Spiele etc.).

5.2.4. Beispiel: „Vertrauensübungen"

◆ Ohne verbale Äußerungen soll gegenüber Personen in einer Gruppe Vertrauen aufgebaut bzw. gefestigt werden.

„Wir spüren die Wärme unserer Körper"

Wir stellen uns *im Kreis mit dem Rücken zur Kreismitte* auf. Langsam bewegen sich nun alle, möglichst *mit geschlossenen Augen rückwärts gehend,* auf die Kreismitte zu (evtl. Musikunterstützung). Niemand soll zuerst andere TeilnehmerInnen berühren. Wir gehen so lange rückwärts, *bis wir den „Wärmeluftpolster"* anderer Körper *spüren.* Tritt dieses Wärmegefühl auf, fühlen wir uns also auf Tuchfühlung mit anderen Körpern, halten wir erst einmal inne und *„spielen"* kurz *mit diesem „Polster"* – etwas näher, mehr Wärme – etwas weiter weg, kälter! Erst jetzt gehen wir weiter zurück, bis wir *andere Körper leicht berühren. Jetzt wird mit dem Druck am Rücken „gespielt"* – etwas andrücken, loslassen – fester drücken, wieder loslassen – noch fester, ohne jemanden umzuwerfen – wieder loslassen. Nun mit geschlossenen Augen *um 180° drehen* – die Arme und *Hände hoch* und in die Kreismitte strecken, mit jeder Hand *irgendeine Hand ergreifen,* bis sich alle irgendwie an den Händen halten. *Nun* wird der *„gordische Knoten" bei geöffneten Augen entknotet.* Es entstehen meist ein bis vier Stehkreise, bei denen einige TeilnehmerInnen mit dem Rücken, andere mit dem Gesicht zur Kreismitte gewandt sind. GO

„Führen am Hand- und Wangen-Wärmepolster"

Nun werden aus einem Kartenspiel *halbe Spielkarten* ausgeteilt. *Nach Zufall* finden sich die zusammenpassenden *Paare.* Die PartnerInnen stellen sich *Rücken an Rücken* und „spielen" wieder mit dem *Wärmepolster.* Drehen um 180° und die *Handflächen* vor dem Körper so *zueinander* halten, dass man nun den *Wärmepolster* auch zwischen den eigenen und den Handflächen der/des anderen spürt. *Auf keinen Fall* wirklich *berühren!* Jetzt werden gemeinsam, verbunden durch diesen Wärmepolster, verschiedene *Bewegungen* mit den Händen, ja vielleicht dem ganzen Körper ausgeführt. Es kann, muss aber nicht dabei gesprochen werden. *Die Führung* wird nach Vereinbarung *abgewechselt.* Zuletzt stellen sich die *PartnerInnen hintereinander* auf. Wer hinten steht, hält die *Handteller* so weit *an die Wangen* der/des Partner/In/s, dass die Wärmeabstrahlung von beiden auf Wange und Handflächen gespürt werden kann. Nun beginnt eine

◆ Praktische Schlussfolgerungen ◆

Führung bei geschlossenen Augen *durch den Raum* mit Anweisungen wie „Geradeaus!" „Stop!" „Nach links!" „Langsam!" usw. *Am Endpunkt* soll vor dem Öffnen der Augen *geraten* werden dürfen, *wo man sich im Raum befindet.* Dann erfolgt der Führungstausch. GO

„Fallübungen"

Zum Aufwärmen stellen sich alle *mit* einem *Ausfallsschritt* zu einem dichten *Kreis* auf und halten *die Hände waagrecht* von sich gestreckt *nach vorne. In der Kreismitte* wird nun *eine Person,* die sich ganz steif machen soll, von diesen vielen, vielen Händen nur ganz geringfügig *hin- und hergewogen.* Der Effekt der Spannung steigt bei geschlossenen Augen der/des Freiwilligen.
Erst zuletzt kann, nachdem wir dies mehrmals, z. B. mit einem verhaltensauffälligen Kind, vorgezeigt haben, wieder *zu Paaren* folgende *Fallübung* angebahnt werden: *FängerIn* steht *im Ausfallsschritt hinter der Person,* die sich *immer weiter zum Körper der fangenden Person fallen lässt.* Es wird *mit kleinsten Abständen* begonnen und die Vertrauensdistanz durch Schließen der Augen nicht durch Vergrößerung der Falldistanz erhöht. (Vgl. Abbildung)

◆ Bei keiner der Übungen, die in diesem Buch vorgestellt werden, ist ein genau überlegter, didaktischer Aufbau so wichtig wie bei den Vertrauensübungen, weshalb die hier vorgeschlagenen Übungen auch wirklich in dieser Reihenfolge durchgeführt werden sollen und die nächstfolgende erst dann begonnen werden sollte, wenn die vorhergehende wirklich gut klappt.

◆ Viel zu häufig versuchen Menschen, das Vertrauen anderer durch Reden, statt durch Handlungen zu gewinnen. Dies ist leider auch so, wenn wir verhaltensauffälligen Kindern und Jugendlichen zeigen wollen, dass sie uns vertrauen können. Wer sich mit geschlossenen Augen in unsere Arme fallen lässt, erlebt Vertrauen, das mehr wert ist, als es 1000 Worte sagen könnten.

◆ Praktische Schlussfolgerungen ◆

5.3. „Kommunikationstricks"

5.3.1. Beispiel: „Nonverbale Übungen"

◆ Die folgenden Übungen sollen dazu beitragen, dass sich die an sozialen Prozessen in der Schule und in der Familie Beteiligten dadurch auch ohne Worte besser verständigen und verstehen lernen, weil sie miteinander das „Reden" ohne Worte regelmäßig, wenn auch nur kurz, trainieren.

„Gefühle raten"

Nach einer kurzen *Aufwärmrunde* mit *„Spots in movement"* – wir gehen (zu einer Musik) kreuz und quer durch den Raum und wechseln blitzartig unsere Mimik und Gestik zu Vorgaben wie *„TRAUER", „WUT", „LÄSSIGKEIT", „ARROGANZ"* usw. – werden *Karten mit diesen* o. ä. *Begriffen* ausgeteilt. In GA werden nun in kurzer Vorbereitungszeit (max. 3 Minuten) *Statuen* vorbereitet, die im Anschluss präsentiert werden. **Wer welchen Gefühlsausdruck** innerhalb einer Statue darstellt, soll dabei **erraten** werden. Die Rategruppe könnte auch kurz die Augen schließen und danach feststellen, wer nun, in einer rasch neugebildeten Statue, welchen Ausdruck von wem übernommen hat.

„Steine/Holzquader legen"

Zuerst wird ein SK gebildet, der *möglichst groß* sein sollte, damit jede/r von der eigenen Position aus ein bis zwei Schritte bis zur Mitte zurückzulegen hat. Nun erhalten *alle TeilnehmerInnen 3 Holzquader* (oder sie wählen aus einem Tastsack 3 Steine, die ihnen gut in der Hand liegen). Die *Regel für die erste Runde* lautet:
„Lege *1–3 Steine in die Mitte des Raumes* – du kommst immer *der Reihe nach* zum Anlegen, *kannst* in einer Runde auch *verzichten*, darfst *andere Steine* aber *nicht* in ihrer Position *verändern. Niemand spricht!"*
Es wird nun noch ein *Thema* vorgegeben. Zum Beispiel:
„Wir bauen eine Stadt für uns alle."
Wenn der letzte Stein gelegt wurde, stehen alle auf und *betrachten* das Ergebnis *aus verschiedenen Perspektiven*. Danach werden reihum *Fragen* beantwortet:
Wie gefällt mir das Ergebnis? Was habe ich mir während der Übung gedacht? Was würde ich gerne verändern?
Ist die allgemeine Zufriedenheit mit dem Ergebnis gut, könnte jeder in einer *weiteren Runde*, veranschaulicht durch ein *Geldstück*, seinen *Wunschplatz* in der Stadt *markieren* (Nachbesprechung), ist die Unzufriedenheit größer, könnte eine *Veränderungsrunde* z. B. nach folgender *Regel* vor sich gehen:
„Jeder darf maximal 3 Steine verändern oder wegnehmen!" (Nachbesprechung)

Praktische Schlussfolgerungen

„Zeichnen und Musik"

Zu einer *Instrumentalmusik*-Vorgabe wird ein *DIN-A2-Plakat* in GA *zu viert* mit *Ölkreiden oder Filzstiften* nach folgender Vorgabe gestaltet. *Am Beginn* malt bzw. zeichnet *jede/r an einer Stelle des Plakates* ein eigenes, *persönliches Bild.* Wird die *Musik unterbrochen, gehen* alle so lange *um den Tisch*, bis diese wieder einsetzt. Nun zeichnet jede/r *an dem Bild weiter, das zufällig vor ihm ist.* Ist das *Plakat fertig ausgemalt*, wird die Musik abgestellt, und *jeder* stellt sich *zu seiner Ausgangszeichnung.* In der *Nachbesprechung* wird über die *Zufriedenheit mit den „Eingriffen"* ins eigene Plakat sowie mit dem Gesamtergebnis diskutiert.

DARÜBER KANN MAN NACHDENKEN:

- „Einander wortlos verstehen", wird als ein Merkmal guter Freundschaften und auch einander liebender Menschen angesehen.
- Übungen dieser Art gibt es sehr viele, und sie müssen vor allem täglich und kontinuierlich eingesetzt werden, sollen sie Erträge liefern. Einige davon lassen sich in ganz kurzer Zeit durchführen, für manche muss man sich allerdings wirklich viel Zeit nehmen.
- Ein solides theoretisches Wissen ist hier besonders wichtig. Ein anschauliches Buch mit vielen praktischen Beispielen liefert dazu beispielsweise *Kliebisch, U.*, Kommunikation und Selbstsicherheit, 1995 c.

5.3.2. Beispiel: „Geordnete Dialoge"

◆ Wichtige Merkmale eines guten Gesprächs, aber auch mögliches Fehlverhalten sollen erlebbar und beschreibbar gemacht werden. Klare und gut strukturierte Botschaften sowie das aktive Zuhören werden geübt.

„Aussagen und zeichnen"

Wir benötigen ein *Blatt kariertes Papier* und einen *Bleistift*. Alle zeichnen zuerst eine *einfache Figur* auf das Blatt und schreiben ihre *Aussagen* dazu *genau auf*, z. B. so:

◆ Ich beginne an einem Kreuzungspunkt in der rechten oberen Ecke des Blattes,
◆ 2 Kästchen senkrecht nach unten;
◆ 4 cm waagrecht nach links;
◆ 3 Kästchen diagonal nach links unten;
◆ 3 cm senkrecht nach oben;
◆ 4 Kästchen waagrecht nach rechts;
◆ 1 Kästchen diagonal nach rechts unten;
◆ 4 Kästchen senkrecht nach unten;
◆ Endpunkt mit Anfangspunkt verbinden;

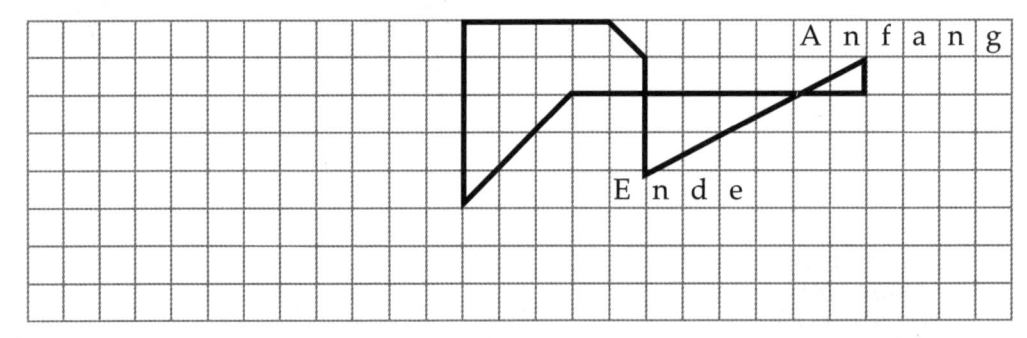

Nun wird in PA weitergearbeitet. Die *eigenen Figuren* werden den *PartnerInnen angesagt* und *umgekehrt*, auftretende *Fehler* anschließend *eruiert*. Am Beginn könnte auch eine unvorbereitete Ansage einer Person an alle stehen, wobei anhand unterschiedlicher Ergebnisse klar gemacht werden kann, dass der Fehler sowohl auf Seiten des „Senders" als auch auf Seiten der „Empfänger" gelegen sein konnte.

Variation: Aufnahme solcher *Aussagen auf Tonband* – **(Nachbesprechung).**

Praktische Schlussfolgerungen

„Kugellagergespräche"

Zur Erklärung dieser Technik ist es sinnvoll, die Sitzordnung in einer Abbildung darzustellen. Für den *Ablauf des Gespräches* gilt;
Person A spricht mit Person B maximal *3 Minuten* zu einem Thema. Jetzt *wechseln* alle im Außenkreis im Uhrzeigersinn ihre *Sitzposition*.
Nun berichtet Person A Person D, was sie von Person B erfuhr, und Person D umgekehrt, was sie von C erfuhr. Nach einem *weiteren Positionswechsel, diesmal z. B. durch* das *Weiterwandern* der Personen im *Innenkreis gegen den Uhrzeigersinn*, könnte ein *neues Thema* wieder aus eigener Sicht behandelt werden, worauf *nach neuerlichem Wechsel wieder* eine *Berichtsrunde* folgen könnte. Zuletzt können an der Tafel oder *auf einem Plakat die Inhalte der Gespräche zusammengefasst* dargestellt werden. Es wird dabei allerdings zu jedem Thema erst einmal nur gefragt, was den beteiligten Personen dazu erzählt wurde. Erst wenn jemand in der Zusammenfassung seine Ansicht nicht wiederfindet, kann er aus der *Anonymität* treten und verlangen, dass auch seine beim Zuhören verloren gegangene Ansicht ergänzt wird.

BEI WECHSEL:
Ⓐ NACH Ⓓ U.S.W.,
DANN BERICHTET
Ⓒ WAS Ⓓ UND Ⓓ WAS Ⓒ SAGTE, U.S.W.

Beispiel:
1. THEMA: „Das passt mir in der Schule nicht." (5 min)
1 a. BERICHTEN: „Das passt mir in der Schule nicht." (3 min)
2. THEMA: „So wäre Schule super." (5 min)
2 a. BERICHTEN: „So wäre Schule super." (3 min)

ERSTELLEN einer Meinungsübersicht
NACHBESPRECHUNG

DARÜBER KANN MAN NACHDENKEN:

- Die Ansageübungen machen Kindern und Jugendlichen jeden Alters viel Spaß und sind eine gute Möglichkeit, auch fachinhaltlich in den Unterricht mit einer Kommunikationsübung einzusteigen. Was angesagt wird, lässt sich täglich ändern.
- Die „Kugellagertechnik" lässt sich auch bei Elternabenden sehr gut zur Lockerung der oft starren Gesprächssituation nützen. Es kann dabei viel mehr *von allen, aber* muss *nicht vor allen* geredet werden. Beim Brainstorming werden Meinungen anonym, aber trotzdem für alle sichtbar behandelt. Wer aus seiner Anonymität heraustreten will, kann dies aber trotzdem tun und zu seiner Meinung vor allen anderen stehen.

5.3.3. Beispiel: „Gesprächskultur schaffen"

◆ Erlebte und als sinnvoll erkannte Grundregeln der verbalen Kommunikation sollen erstellt und deren Einhaltung anhand vorbeugender Maßnahmen erleichtert werden.

„Rückmeldungen organisieren, und zwar täglich"

Die einfachste Möglichkeit, *Rückmeldungen* über die *Befindlichkeit*, das *Interesse am Stoff*, die *Zufriedenheit* mit eigenen Leistungen und vor allem Gefühlen, Einstellungen und Gedanken zu organisieren, bieten sogenannte *Methoden des „Blitz-Feedbacks"*. Dabei sollen möglichst rasch und spontan Äußerungen zu den genannten Punkten erfolgen können. Nicht wer die entsprechende Rückmeldung aus welchem Grunde auch immer gibt, steht dabei im Mittelpunkt des Interesses, sondern die Absicht, sozusagen *„blitzartig" einen Überblick* zu erhalten.

Ein einfaches, aber wirkungsvolles Mittel ist dabei die *Methode „Nähe zum Zentrum"*. Dazu wird ein $\boxed{SK}$ gebildet, und dann können von der Lehrperson oder auch den Kindern verschiedene *Fragen* gestellt werden, wie etwa:

◆ „Wie gut warst du heute beim Betreten des Schulgebäudes aufgelegt?"
◆ „Wie fühlst du dich nun am Ende dieses Schultages?"
◆ „Wie interessant war heute für dich die Biologie-Stunde?"
◆ „Wie gut hast du dich heute beim vorgetragenen Stoff ausgekannt?"
◆ „Wie viel hast du dir vom Inhalt dieser Stunde gemerkt?"
◆ „Wie schwer ist dir die letzte Hausaufgabe gefallen?" usw.

Bei jeder Frage wird ein *Gegenstand* (Hauspatschen o. Ä.) in den $\boxed{SK}$ gelegt, und zwar *bei größter Zustimmung in die Kreismitte*, bei größter Verneinung direkt vor die eigenen Füße. Ein allgemeiner Eindruck über das Gruppengefühl, die allgemeine Einstellung der Gruppe zu einzelnen Fragestellungen können so ganz rasch in Erfahrung gebracht werden. Soll auch noch die Anonymität gewahrt bleiben, kann mit einer *„Meinungsscheibe"* gearbeitet werden, auf der die *Kinder*, in *Abwesenheit der Erziehungsperson*, durch das Eintragen von Kreuzen oder Pünktchen rasch den Grad ihrer *Nähe zum Zentrum* (Zustimmung) markieren können.

Praktische Schlussfolgerungen

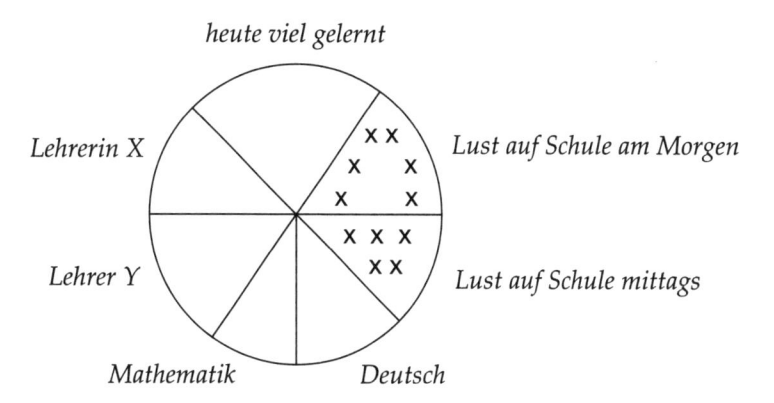

heute viel gelernt

Lehrerin X — *Lust auf Schule am Morgen*

Lehrer Y — *Lust auf Schule mittags*

Mathematik — *Deutsch*

„Feedback-Regeln"

Obwohl solche Regeln, wie überhaupt Gesprächsregeln, im besten Fall von allen gemeinsam in einer Klasse/Familie erstellt werden sollten, hier einige *Anregungen* dafür:

- Beginne deine Rückmeldung mit „Ich freue mich …"
- Sage, was du im Moment denkst, z. B. „Ich bin ziemlich …"
- Beschreibe uns, was du beobachtet hast, nicht, was du vermutest „Ich habe gesehen …"
- Sage, wie das beobachtete Verhalten auf dich wirkt „Ich bin froh, dass er …"
- Gib auch positives Feedback!
- Gib Feedback sofort, nicht erst später! Lass dir Feedback geben!

„Analysegespräch"

Gibt es ein Problem zweier beteiligter Personen, so kann diese Technik angewendet werden. Dabei darf jede Person zuerst so lange alles sagen, was sie zu dem Vorfall sagen will. Alle anderen schreiben auf einem zweigeteilten Blatt nur mit – keine Fragen! Dann werden Rückmeldungen gegeben und dann die Rollen vertauscht. Eine unabhängige „dritte Person" als ModeratorIn ist sehr hilfreich.

DARÜBER KANN MAN NACHDENKEN:

- Es ist noch einmal darauf hinzuweisen, dass Feedback-Methoden nur dann sinnvoll werden, wenn sie täglich, möglicherweise sogar mehrmals, zur Anwendung gelangen. „Lehrperson-freundliches Verhalten" spielt dann sehr bald als Störvariable keine Rolle mehr. Es gilt allerdings auch, auf Ergebnisse zu reagieren, also Feedback zu retournieren. Wenn tagelang alle Kreuze von den meisten Kindern am Außenrand des Kreises eingetragen werden, sollten ausführlichere Feedback-Methoden eingesetzt oder es sollte überhaupt das eigene Handeln selbstkritisch überprüft werden. Hinweise für ausführliche Feedback-Techniken finden sich z. B. im „Methoden-Set des AGB", 1990, Linz.

◆ Praktische Schlussfolgerungen ◆

5.3.4. Beispiel: „Schriftlich kommunizieren"

◆ Schriftliche Formen des Meinungsaustausches sollen geübt und genützt und die positiven Seiten dieser Kommunikationsform (Zeit zum Überlegen, etc.) bewusst gemacht werden.

DAS SOLL DABEI HERAUSSCHAUEN:

SO KANN ES GEHN:

„Nachrichtenbox-Tafeln"

Die wirklich einfache und ebenso wirkungsvolle Methode in Schulen, Schulklassen, Freizeitgruppen, aber auch Familien, für alle Personen leicht verfügbare Möglichkeiten zu schaffen, kurze schriftliche Mitteilungen weitergeben zu können, wird leider viel zu wenig genützt. Einfache *Kartenstecktafeln*, besser aber noch mit Briefschlitz versehene *Boxen an zentralen Stellen* anzubringen, ist dafür der einfachste Weg. Da immer wieder darüber geklagt wird, dass die dort angebrachten oder eingeworfenen Mitteilungen häufig wenig Aussagekraft hätten, soll hier ein strukturiertes Formular für derartige Kurznachrichten vorgeschlagen werden:

Persönliche Mitteilung von [   ] an [   ]

Ich möchte dir gerne mitteilen, dass …

Mir wäre lieber, wenn du …

Ich schlage vor, dass …

„Handlungsprotokolle"

Nur ganz wenige Menschen haben sich im Laufe ihres Lebens angewöhnt, zu schreiben, einfach so, einfach aus Freude. Mir ist der Satz meiner Großmutter noch in Erinnerung: „Wenn du auf jemanden wütend bist, schreibe ihm einen Brief, schreibe alles hinein, was du dir denkst, und schicke dann diesen Brief doch nie weg!"

Praktische Schlussfolgerungen

Schreiben kann also auch der *Reflexion und Befreiung von negativen Gedanken dienen.* Besonders Kinder und Jugendliche können noch recht leicht zum Schreiben angeregt werden, obwohl auch bei den meisten von ihnen *zuerst einmal Hemmschwellen überwunden werden müssen.* Eine gute Möglichkeit dafür bieten gemeinsame Aktionen. „Klassentagebücher", in die auch einmal etwas nur gezeichnet oder eingeklebt werden kann, *„Wunschlisten",* die in regelmäßigen Abständen noch besprochen und auf die Realisierbarkeit einzelner Wünsche überprüft werden können, aus solchen Nachbesprechungen abgeleitete *„Wunsch-Erfüllungs-Pläne"* u. Ä. m. erleichtern auch „Schreibfaulen" den Einstieg ins Schreiben: Auch *„persönliche Protokolle"* sind über ausgefallene, außergewöhnliche Vorschläge leichter zu initiieren. Wer zeigt nicht Interesse an den geheimnisvollen Ereignissen des Lebens, wie etwa den eigenen Träumen? Ein *„Traumtagebuch"* lässt sich erfahrungsgemäß recht einfach als spannende Form, sich Notizen zu machen, vermitteln, besonders wenn man auch einige Überlegungen der Freud'schen Traumdeutung dazu weitergibt. Bei organisierten Anlässen können Tagebuchinhalte miteinander verglichen werden, was auch helfen kann, ein besseres Verständnis für die VerfasserInnen zu erzeugen. Bleibt noch zu erwähnen, dass ab einem gewissen Alter das *gemeinsame Verfassen eines „Liebesbriefes"* immer wieder zum Hit unter allen Deutsch-Unterrichtsinhalten im Bereich „Verfassen von Texten" wird und dass *„Gedichtewerkstätten"* und *„Schülerzeitungen"* ebenfalls gute Gelegenheiten bieten, die ärgsten Schreibmuffeln irgendwie an Schreibaktivitäten einmal zu gewöhnen.

◆ Erwachsene sollten an allen genannten Aktivitäten teilnehmen und nicht nur als Beurteiler erlebt werden. Wer sein eigenes „Traumtagebuch" vorlegt, selbst an der „Klassenzeitung" mitschreibt, auch selbst Eintragungen in den „Wünsche-Erfüllungs-Plan" vornimmt oder ein persönliches Gedicht zur „Werkstatt-Liebesgedichte" beisteuert, wirkt als positives Modell und nützt damit einen der besten Erziehungstricks überhaupt aus.

5.3.5. Beispiel: „Verträge schließen"

◆ Dieser Vorschlag ist in erster Linie für den Umgang mit verhaltensauffälligen Kindern gedacht, wobei durch die gemeinsame Erstellung und regelmäßige Kontrolle der Einhaltung von Verhaltens-Verträgen drei Haupteffekte erzielt werden sollen:

1. Verbesserung der Selbstkontrolle des Kindes,
2. Intensivierung der Kommunikation mit dem Kind,
3. Verringerung der störenden Verhaltensweisen.

„VERTRÄGE ERSTELLEN"

Bevor hier ein Beispiel für einen derartigen Vertrag gegeben wird, sollen einige wichtige *Erfahrungen zur Vertragserstellung* besprochen werden.

Hier ist zuerst einmal das *Prinzip der „Freiwilligkeit"* zu betonen. Es sollte also zumindest eine Grundmotivation von Seiten des Kindes vorhanden sein, ein derartiges Vertragswerk gemeinsam zu erstellen. Die beste Gelegenheit bietet sich, wie schon an anderen Stellen erwähnt, zu Zeitpunkten, da das Kind für sein Verhalten eigentlich Strafsanktionen erwartet. Wenn dann ein deeskalativer, konstruktiver Vorschlag gemacht wird, die Situation sozusagen sanktionsfrei gemeinsam zu „bereinigen", ist das Kind fast immer freiwillig bereit, an dieser Maßnahme mitzuwirken.

Als nächstes sollten zwei weitere Grundregeln im Umgang mit Verträgen festgehalten werden, nämlich das *Prinzip der „Veränderbarkeit"*. Das Kind muss einerseits spüren, dass der Vertrag kein „leeres Papier" darstellt, und soll andererseits nicht das Gefühl haben, einzelne Vertragsregelungen müssten „auf Ewigkeit" Gültigkeit haben.

Zuletzt sei noch darauf hingewiesen, dass positive Erfahrungen mit dem Vertrag auch „gefeiert" werden sollten. Dieses *„Feiern"* sollte bereits bei Erstellung und Abschluss (meist per Handschlag) des Vertrages in Aussicht gestellt werden, es geht dabei also um die Organisation einer *Aussicht auf Erfolg und Belohnung*. Auf der nächsten Seite ein Beispiel:

◆ Praktische Schlussfolgerungen ◆

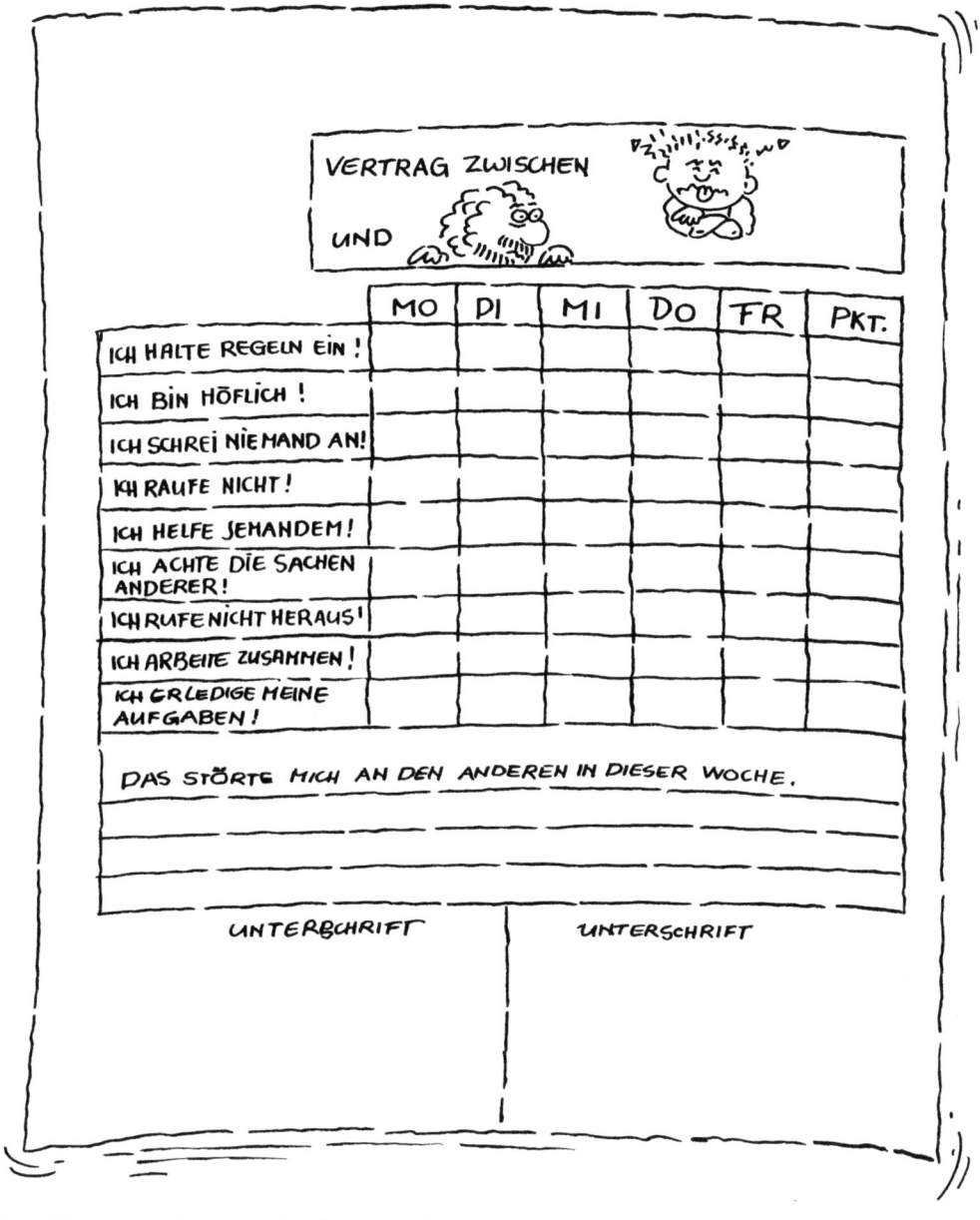

	MO	DI	MI	DO	FR	PKT.
ICH HALTE REGELN EIN!						
ICH BIN HÖFLICH!						
ICH SCHREI NIEMAND AN!						
ICH RAUFE NICHT!						
ICH HELFE JEMANDEM!						
ICH ACHTE DIE SACHEN ANDERER!						
ICH RUFE NICHT HERAUS!						
ICH ARBEITE ZUSAMMEN!						
ICH ERLEDIGE MEINE AUFGABEN!						

VERTRAG ZWISCHEN ____ UND ____

DAS STÖRTE MICH AN DEN ANDEREN IN DIESER WOCHE.

UNTERSCHRIFT   UNTERSCHRIFT

DARÜBER KANN MAN NACHDENKEN:

Der Vertrag gilt eine Woche, wird von mindestens zwei Vertragspartnern unterzeichnet und am Wochenende kontrolliert. Eintragungen können sehr einfach, wie bei Strichlisten, erfolgen.

◆ Auf der Rückseite des Vertrages könnte der Platz für Rückmeldungen an das Kind genützt werden. Die einzelnen Wochenverträge könnten in einer „Dokumentenmappe" abgelegt werden, deren Gestaltung mit besonderer Sorgfalt vom Kind selbst erledigt werden sollte.

5.3.6. Beispiel: „Videofeedback"

◆ Kommunikative Prozesse sollen anhand von Videoaufzeichnungen nachvollzogen werden können.

◆ Der selbstverständliche Umgang mit Videorückmeldungen soll erlernt, der Nutzen solcher Selbstbeobachtungen soll anhand gemeinsamer Auswertungen erkannt und in Folge sollen sinnvolle Vorschläge für Verhaltensänderungen aus persönlichem Antrieb erstellt werden.

„Videoaufnahmen"

Der *Standpunkt der Kamera sollte* in einer Ecke des Raumes und in *Überkopfhöhe* sein, sodass später möglichst *das gesamte Geschehen* während der Aufnahmezeit zu sehen ist. Bewegungen der Kamera erschweren einerseits die spätere Auswertung nach einem Auswertungsplan und können auch leichter zur Unruhe bei den gefilmten Personen führen. Außerdem ist eine Person dadurch fix an die Kameraführung gebunden. Weiters ist es sinnvoll, die Kamera *nicht länger als zwei Stunden* durchgehend in Betrieb zu halten, da sonst der Auswertungsvorgang, trotz des Strukturierens der Auswertungsmaßnahmen, zu lange dauert. Gehen wir davon aus, dass bei zwei Stunden etwa 4600 Umdrehungseinheiten am Videorecorder angezeigt werden, könnte eine strukturierte Auswertung nun nach folgendem Muster durchgeführt werden:

„Videoauswertung"

Das Videoband bei einer Auswertung *vollständig abzuspielen,* wäre viel zu *zeitraubend,* ganz abgesehen davon, dass gezielte Beobachtungen dabei, vor allem von Seiten der Kinder, wegen der Ablenkungsgefahr nicht konsequent geleistet werden. Es stellte sich aber in der Praxis immer wieder als äußerst sinnvoll heraus, *alle Beteiligten mit Beobachtungsaufgaben* bei der Auswertung zu betrauen. Die *Auswertung* könnte nun *nach* folgendem *Plan* strukturiert werden:

◆ *Ab* der Zählwertnummer *100* wird der Recorder jeweils für *etwa 60 Einheiten* auf „PLAY" geschaltet, was im angenommenen Fall ca. 1 $^1/_2$ Minuten Beobachtungszeit ergibt. Nach der ersten Beobachtungsphase wird *jeweils um 500 Einheiten* vorgespielt, dann wieder für 60 Einheiten beobachtet – werden also bei 100, 600, 1100, 1600 usw. jeweils 1 $^1/_2$ Minuten lang Eintragungen in den Beobachtungsplan vorgenommen, so ergibt sich für eine erste Auswertungsrunde eine Beobachtungszeit von ca. 12 Minuten. Sollten die Ergebnisse noch zu oberflächlich erscheinen, kann dieser Vorgang in weiteren Runden, beginnend beim Zählwertstand 200 und 400, eventuell wiederholt werden, obwohl erfahrungsgemäß maximal 2 Auswertungsrunden (ca.

♦ Praktische Schlussfolgerungen ♦

25 Minuten) gut ausreichen. In [EA] [PA] und [GA] könnten nach folgendem Plan Beobachtungsergebnisse zuletzt veranschaulicht werden. Die Einzelpersonen, Paare und Gruppen sollten **nur** jeweils **einen Beobachtungsauftrag erledigen**. Sie erhalten also quasi **nur ein Element dieses Gesamtauswertungs-Planes** für ihre Eintragungen. (Siehe dicke Linien)

Beobachtungsauftrag Art der Beobachtung	Einzelbeobachtungen					Paare				Gruppe 1 (4 Ki.)	Gruppe 1 (4 Ki.)	Zfsg. oder Mittelw.
	Eva	Hans	Edi	Anna	Otto	Rudi Maria	Gabi Franz	Susi Nicole	Lehrer Fritz			
Freie Beobachtung des Geschehens												
Freie Beobachtung Name des Beobachteten												
Sprechhäufigkeit + zum Unterricht o Schwätzen												
Wer stört? Wodurch?												
Wer hilft? Wem?												

DARÜBER KANN MAN NACHDENKEN:

♦ Im exemplarischen Beispiel wurde von 5 Einzelbeobachtern, 4 Paaren und 2 Gruppen à 4 Leuten, also von 21 Beobachtern ausgegangen. Erst am Ende werden alle Daten aus den Einzelblättern in den Gesamtauswertungsplan (Großplakat) eingetragen und gemeinsam die Mittelwerte berechnet bzw. Daten zusammengefasst sowie die Ergebnisse diskutiert, sodann die Durchführung einer weiteren Auswertungsrunde überdacht oder Schlussfolgerungen aus dem Ergebnis gezogen.

5.4. „Empathie-Tricks"

5.4.1. Beispiel: „Wünsche erheben – etwas wünschen"

◆ Alle Beteiligten sollen in lustbetont-spielerischer Form eigene Bedürfnisse artikulieren.
Auch „ausgefallene" Wünsche sollen bei Wahrung der Anonymität besprochen werden können.
Wünsche anderer sollen mit eigenen Bedürfnissen verglichen werden können, und anderen gegenüber sollen Wünsche ausgesprochen werden können.

„Wünsche versteigern"

Zuerst schreibt jeder beliebig viele *Wünsche* aller *Art* auf *vorbereitete Zettelchen*. Es wird darum gebeten, *lesbar* zu *schreiben* und für jeden einzelnen Wunsch nur ein Zettelchen zu benützen. Nachdem im Durchschnitt *pro Person etwa 5* solcher Zettelchen (Annahme: ca. 20 TeilnehmerInnen) beschrieben und in eine große Schachtel geworfen wurden, werden die Zettelchen ordentlich *durchgemischt*, sodass nicht mehr klar ist, von wem welche Wünsche stammen. Nun kann an alle an der folgenden *Versteigerung* Beteiligten z. B. ein *Papiermetermaß*, die es in Möbelgroßkaufhäusern als Improvisationsmetermaß gibt, ausgeteilt werden. Jeder Zentimeter dieses Metermaßes entspricht einer Werteinheit, sodass alle Beteiligten je *100 Einheiten* bei der Versteigerung verbrauchen können. Nun kann die Versteigerung beginnen. Der erste Wunsch, z. B. „Nie wieder Geschirrabwaschen", wird vorgelesen, und jetzt darf geboten werden, wie viel einem die „Erfüllung" dieses Wunsches wert ist. Beispielsweise so: „5 zum Ersten, 10 zum Ersten, zum Zweiten, 15, 20 zum Ersten zum Zweiten und zum Dritten für Eva!" Eva erhält nun den Zettel und muss dafür von ihrem Metermaß 25 cm abreißen. (Anmerkung: Auf einem „*Kreditzettel*" abstreichen ginge natürlich auch!) Es wird so lange weitergespielt, *bis niemand mehr Einheiten übrig hat*. In einer Abschlussrunde könnte jeder noch einmal seine ersteigerten „Wünsche" vorlesen und kommentieren. Das wesentliche Element dieser Übung ist die große Dynamik sowie die Tatsache, dass bewusst gemacht wird, dass auch andere etwas wollen oder nicht wollen, was einer einzelnen Person bisher nur für sie selbst wichtig schien. Da kann schon einmal erlebt werden, dass es eigentlich viele in einer Gruppe gibt, die sich auch „vor schlechten Noten fürchten", „nie wieder Streit" haben wollen, die „große Liebe" finden wollen usw.

„Anderen etwas wünschen"

Nach Abschluss der Versteigerung könnte zur Auflockerung noch eine Art *„Wunsch-Tausch-Bazar"* eröffnet werden, wo mit den ersteigerten Wünschen so lange „gehandelt" wird FA, bis man halbwegs „zufrieden" ist.

◆ Praktische Schlussfolgerungen ◆

An alle im SK werden zuletzt beidseitig unbeschriebene *Kartonkarten ausgeteilt. Auf der einen Seite* schreibt nun jede Person ihren *Namen* auf den Karton. Jetzt werden die *Kartons eingesammelt, durchgemischt* und nach dem *Zufallsprinzip wieder ausgeteilt*, jedenfalls so, dass alle Beteiligten nun von irgendeiner Person der Gruppe den Karton in den Händen hat. *Auf die noch leere Seite* des Kartons sollen nun alle *der ihnen zufällig zugeteilten Person etwas* besonders *Liebes, Persönliches* wünschen. Zuletzt werden die Kartons *mit der Namenseite nach oben auf dem Boden aufgelegt* und jeder holt sich „seinen Wunsch". Wer will, kann darüber sprechen.

◆ Beim Versteigern lohnt es sich, nur 5er-Einheiten als Minimalaufschläge zuzulassen, da das Hochsteigern in Einerschritten sehr lähmend werden kann. Da einige Wünsche immer mehrmals vorkommen, wie z. B. „Lottosechser", etc., kann in dem Spiel auch das Haushalten mit Ressourcen geübt werden, denn der erste „Lottosechser" ist meist viel „teurer" als der letzte versteigerte.

◆ Es fällt natürlich schwer, einer eventuell unsympathischen Person etwas Liebes zu wünschen, doch wird dies durch die Versteigerung erleichtert und ist eine wichtige „Deeskalationsübung".

♦ Praktische Schlussfolgerungen ♦

5.4.2. Beispiel: „Sprechen zu Bildern und Karten"

♦ Oft ist es sehr schwer, jemanden zu Gefühls- und Meinungsäußerungen zu veranlassen, was genau durch diese Übungen erleichtert werden soll.

♦ Durch die Dynamik, die sich aus Bildaussagen oder spontanen Assoziationen zu Begriffen ergibt, sollen die in Bilder, Grafiken oder Begriffskarten hineinprojizierten Überlegungen offen gelegt werden.

„Impulsbilder"

Die einfachste Methode, mit Bildern zu arbeiten, ist das Vorlegen besonders aussagekräftiger *Impulsbilder*, die bei den Betrachtern leicht *Assoziationen zu eigenen Gefühlserlebnissen* erzeugen. Ein *Beispiel* wäre hierfür das *Porträtfoto eines Afrikanerkindes*, dem eine dicke *Träne* über die Wange läuft. Alle Kinder haben Assoziationen zum Weinen, und bei der Präsentation dieses Bildes wird darüber erzählt.

„Tierbilder Menschen zuordnen"

Aus alten *Tierkalendern* lässt sich einfach *das Grundmaterial* für solche Übungen gewinnen, die auch in GO und FA Kinder miteinander durchspielen können. Dabei sollen bestimmte *Tierarten* bestimmten *Menschen aus Familie und Schule* zugeordnet und anschließend diese *Zuordnungen* erklärt werden. Eine gleichermaßen amüsante wie aufschlussreiche Übung ist das „Tiersoziogramm", bei dem alle einen „HASEN", einen „TIGER", einen „PAPAGEI", eine „MAUS", eine „FLIEGE", einen „PFAU", einen „BÄREN", ein „PONY" und eine „SCHLANGE" erhalten und nun jedem Mitschüler mindestens 2 dieser Tiere zuordnen sollen. Das kann im SK mit kurzen Begründungen, aber auch mittels einer Strichlistentabelle erfolgen, wobei die Person, die zuordnet, anonym bleiben kann:

	Name	Bär	Fliege	Hase	Maus	Papagei	Tiger	Pfau	Pony	S
1.										18
2.										18
3.										18
4.										18
5.										18
6.										18
7.										18
8.										18
9.										18
10.										18

Bei 10 Kindern müsste die *Summe in jeder Spalte 18* ergeben, wenn alle ihre anonymen Eintragungen korrekt vorgenommen haben. *Um rollenspezifisches Verhalten* erkennbar zu machen, könnten Buben ihre Striche etwa mit *roter*, Mädchen mit *grüner Farbe* machen.

„Bild-Wort-Zuordnungen"

Von vielen, vielen Möglichkeiten sei hier nur ein einfaches Ratespiel erwähnt. Per Zufall sollen in GA oder PA für eine Person 3 Wortkarten und 3 Bildkarten jeweils zu einem Wort-Bild-Paar aufgelegt werden. Nun sollen alle Beteiligten Vermutungen anstellen, welches dieser 3 Paare für diese Person wohl die größte Bedeutung haben könnte, und warum. Sie erlebt dabei, wie andere über sie denken, und kann über die tatsächlichen eigenen Gefühlsassoziationen „aufklären".

◆ Der Einsatz sogenannter „projektiver Techniken" erfordert schon ein recht hohes Maß an Vertrauen der Beteiligten zueinander. Es muss unbedingt darauf geachtet werden, dass bei derartigen Übungen nicht allzu viel „aufgerissen" wird, das nicht auch an Ort und Stelle bearbeitet werden kann. Bildinterpretationen seitens der Kinder sollten ebenfalls auf keinen Fall von Erwachsenen bewertet werden, da sonst die Spontaneität und Ehrlichkeit in den Aussagen rasch verloren geht und eher lehrerInnen- oder elternfreundliche Antworten als projektive Gedanken geäußert werden, was das Einfühlungsvermögen noch weiter erschwert.

◆ Praktische Schlussfolgerungen ◆

5.4.3. Beispiel: „Biografien erstellen"

◆ Es sollen biografische Daten eines Menschen erforscht werden.
Dabei soll gelernt werden, nicht nur Alternativfragen zu stellen, sondern Interviews mit offenen Fragestellungen durchzuführen.
Durch Informationsgewinn über eine Person soll das Einfühlungsvermögen in diese Person erhöht werden.

„Fakten sammeln"

Damit es in einer Klasse oder Familie bei dieser Übung keine Randfiguren gibt, sollte *auch jede Person, deren Leben erforscht wird*, gleichzeitig einen *„Forschungsauftrag"* haben. Dies gilt also *auch für LehrerInnen* oder Familienmitglieder. Um den *„α-Effekt" zu vermeiden*, dass also beispielsweise die meisten Kinder das Leben der Lehrperson erforschen wollen, sollte *nach dem Zufallsprinzip* zugelost werden. Mögliche Diskussionen über die mangelnde Motivation, die ihnen zugeloste Person genau zu erforschen, können leicht durch zuvor klar festgelegte Handlungsschritte bei der „Faktensammlung" schon präventiv verhindert werden. Wenn allen „das Forschen" an sich Spaß macht, ist die Person, deren Leben nun eben per Zufall erforscht werden soll, gar nicht so *wichtig* wie die *„Forschungshandlung"* selbst. Es könnten beispielsweise *folgende Handlungsschritte* vor der zufälligen Zuteilung festgelegt werden:

◆ Alle bringen *Bildmaterialien über sich* mit (als Baby, Kleinkind, mit Geschwistern, Eltern, Tieren usw.)

◆ Alle machen in ihrer Dokumentenmappe zu Hause *Notizen* und bringen diesen Notizzettel oder vielleicht sogar *Fotokopien der Dokumente* mit (Geburtsurkunde, Meldeschein, etc.)

◆ Alle erzählen in Kurzform den InterviewerInnen die *drei lustigsten, gefährlichsten*, etc. Ereignisse aus ihrem bisherigen Leben.

◆ Alle bringen mindestens ein Schriftdokument aus jedem Lebensjahrfünft (1 – 5/5 – 10/10 – 15) mit – das können Heftseiten, Aufsätze, Zeitungsausschnitte, Zeichnungen u. Ä. sein.

◆ Alle schreiben *die fünf größten Erfolge* ihres bisherigen Lebens auf

usw.

„Fakten hinterfragen, sichten, ordnen – Biografien erstellen"

In dieser Phase werden die gegenseitigen Interviews zu den mitgebrachten Fakten durchgeführt.

◆ Praktische Schlussfolgerungen ◆

Auch Zuordnungen zu historischen Ereignissen könnten notiert werden – z. B. – „Klammer gewinnt Olympiaabfahrt – LehrerIn heiratet" usw.
Dann wird eine *adäquate* Form der *Dokumentation aller* biografischen Daten festgelegt und zuletzt die Biografie von X eben als *Buch, Plakat, Ausstellung* oder *Tondokument,* evtl. sogar als *Videofilm* fertiggestellt.

Man bedenke stets:

◆ Kinder haben nur ein sehr eingeschränktes historisches Wissen und müssen daher vor allem auch ihre Eltern zur eigenen Vergangenheit befragen.

◆ Eine ebenfalls interessante Möglichkeit ist es, gemeinsam mit einem Kind dessen eigene Biografie zu erstellen, in diesem Fall steht die Erforschung der eigenen Lebensgeschichte im Vordergrund. Wird dieses Vorhaben mit Freude vorangetrieben und liegt dann das Ergebnis in Form einer entsprechend gestalteten Mappe vor, lässt sich, davon ausgehend, meist sehr leicht eine Art von Handlungsprotokoll (Tagebuch) anregen.

5.4.4. Beispiel: „Zusammenarbeiten lernen"

◆ Natürlich sind fast alle im Praxisteil vorgeschlagenen Übungen auch Kooperationsübungen, doch sollen die hier vorgestellen das Ausmaß guter oder weniger guter Zusammenarbeit auch bewusst und gewissermaßen messbar machen. Beginnend mit PA sollen in GA und FA das möglichst reibungslose Zusammenarbeiten aller in einer größeren Gemeinschaft geübt werden.

„Zitate, Türme, Puzzles usw."

Die einfachste Methode, die Kooperationsfähigkeit von Menschen zu überprüfen, aber letztlich auch die dafür notwendigen Einstellungen und Verhaltensweisen einzelner Personen zu trainieren, ist die *Konfrontation* dieser Menschen *mit* gemeinsam zu bewältigenden *Aufgabenstellungen*. Für den Einstieg, also das Trainieren der Zusammenarbeit von 2 Personen in PA eignen sich sehr gut Aufgabenstellungen wie das *Zusammenstellen von Zitaten oder Merksätzen* u. Ä., die nur in Form der darin verwendeten einzelnen Wörter, sozusagen „*zerstückelt*", *vorgegeben* werden oder so, dass diese Wörter in völlig falscher Reihenfolge auf eine Blatt Papier geschrieben wurden und daher zuerst von den PartnerInnen „zerstückelt" (Schere) und *dann erst* gemeinsam *in* die *korrekte Reihenfolge* gebracht werden müssen. Diese Übung kann auch in *kompetitiver Form* durchgeführt werden, was den *Anreiz zur Zusammenarbeit* erfahrungsgemäß *erhöht*, und natürlich kann das *Kooperationsverhalten* der beiden PartnerInnen bis zur Lösung der Aufgaben *auch „gemessen"* werden, z. B. indem eine beobachtende „dritte Person" auf einer Strichliste notiert, wie häufig jede/r spricht, wer entscheidende Impulse zur Lösung der Aufgabe gibt, usw.

Ganz ähnlich wird bei der Lösung eher haptischer oder visueller Aufgabenstellungen vorgegangen. Da kann es einmal darum gehen, einen *Turm aus Klötzchen* in vielen Etagen nach bestimmten Regeln *zu bauen*, ohne dass dieser umfällt, obwohl zuletzt nur noch Klötzchen vom Turm selbst entnommen werden dürfen, um ihn höher zu machen, oder es könnte die Aufgabe gestellt sein, *ein Puzzle zu bauen*, ohne das fertige Bild vorher zu zeigen, u. Ä. m. Nach den ersten Übungen im PA werden ähnliche Übungen in GA durchgeführt.

„RÄTSEL"

Eine ebenso beliebte wie kooperationsfördernde Möglichkeit ist das Lösen von Rätseln jeder Art. Dabei muss gedacht, gesprochen und manchmal auch körperlich gehandelt werden. Auch das richtige und *zielführende Fragen sowie Geduld* werden dabei gelernt. Ein einfaches Rätsel, das einer Gruppe vorgegeben werden kann, möge hier als Beispiel dienen:
„Romeo und Julia liegen am Fußboden in einer Wasserlache und sind tot.
Wie starben sie?"
(Auflösung auf Seite 136)

WILL VERLASSEN KEINE
UFER SCHÜTZENDE
ENTDECKEN. KONTINENTE NEUEN
WER KANN NIE

DARÜBER KANN MAN NACHDENKEN:

◆ An dieser Stelle soll darauf hingewiesen werden, dass es eine Fülle guter Arbeiten zum Thema Kooperation gibt, die viele praktische Übungen liefern. Besonders übersichtlich erscheint mir die Arbeit von *Kliebisch, U.*: Kooperation und Werthaltungen (1995).

5.4.5. Beispiel: „Vorfälle bearbeiten"

◆ Durch die folgende Übung sollen Grenzsituationen trainiert werden. Zugegebenermaßen in einer Laborsituation, aber von der Regel her vorbestimmt, sollen spontane Reaktionen simuliert, bewertet und diese Reaktionsweisen wie ihre Bewertung durch andere diskutiert werden können.

„RUNTER VON DER PALME"

Ausgangspunkt für diese Übung sind *tatsächliche Begebenheiten oder fiktive* Situationsbeschreibungen, die eine spontane Reaktion der von dem Vorfall betroffenen Person erfordern. Zuerst werden die *Situationen auf Karteikärtchen in kurzen Sätzen* aufgeschrieben. Dies sollte in PA oder GA bei FA und in GO erfolgen.

Nach dieser Phase sollten *mindestens 5 verschiedenartige Situationen* vorliegen. Hier einige Beispiele aus dem praktischen Umgang mit dieser Übung:

> „Schüler A aus der 3. Klasse geht in der Hofpause ohne Vorwarnung auf ein kleines Mädchen aus der 1. Klasse zu und versetzt ihm einen heftigen Tritt in den Oberschenkel. Das Mädchen knickt ein, beginnt laut zu heulen. A läuft weg – versteckt sich im WC. Du hast alles miterlebt. Was tust du?"

> „Während einer Vorbereitungsstunde auf die Mathematikschularbeit versucht die Schülerin B, eine sehr gute Mathematikerin, den vor ihr sitzenden C, den sie schon seit Wochen verehrt, mit einem langen Grashalm im Nacken zu kitzeln. Der sonst nicht schüchterne C ist in Mathematik oft unsicher und verlangt mehrmals seine Ruhe. Da ermahnt die Mathematiklehrerin C: „C, für dich wäre es jetzt wirklich besser aufzupassen, lass die Mädchen in Ruhe!"
>
> Du bist B – was tust du?   Du bist C – was tust du?
>
> (Du bist die beste Freundin von B.)   (Du bist der beste Freund von C.)

Auf weitere Fallbeispiele soll hier verzichtet werden.
Wie geht man in dieser Übung damit um?
Zuerst wird im SK ein Mini-SK mit 5 Personen gebildet. Jeder Person wird eine Karteikarte in einem Kuvert gegeben, auf dem zufällig/nicht zufällig einer der 5 Namen dieser Personen steht. Nun beginnt die erste Runde. Eine Person öffnet das Kuvert und liest den Text für die am Kuvert vermerkte Person laut vor. Diese muss auf die Frage sofort, ohne nachzudenken, antworten.

◆ Praktische Schlussfolgerungen ◆

Unmittelbar nach der Antwort müssen die 4 anderen Personen auf „1...2...3!" ihren Daumen bei Zustimmung nach oben bzw. bei Ablehnung der spontanen Antwort nach unten strecken. Anschließend werden die Wertungen aus eigener Sicht begründet. Person X hört nur zu. Sind alle mit der Begründung ihrer Urteile fertig, kann auch X ihre Spontanreaktion noch einmal zu rechtfertigen versuchen, falls sie dies möchte.

Das Ergebnis wird vor der nächsten Runde ins Schaubild (siehe Abbildung an der Tafel) eingetragen. Für jede Zustimmung darf X um ein Feld „runter von der Palme" (z. B. bei 3 Zustimmungen um 3 Felder).

◆ Bei den ersten Einsätzen dieser Übung kann es vorkommen, dass Kinder wegen der Freundschaften zueinander zustimmend bzw. ablehnend reagieren. Da sie allerdings ihr Urteil grundsätzlich erklären müssen, setzt sich bei öfteren Anwendungen jedoch ein immer differenzierteres Urteil durch.

5.5. „Manipulative Tricks"

5.5.1. Beispiel: „Raummanipulation"

◆ Durch vielfältige gestalterische und organisatorische Maßnahmen sollen alle Benützer der Räumlichkeiten diese so verändern, dass durch diese Manipulation auch eine Veränderung der Verhaltensweisen Einzelner eintreten, zumindest aber mit bekannten Störungen besser umgegangen werden kann.

„Raumorganisation"

Klassenräume sollten mehr und mehr zu funktionalen Lernwohnräumen gemacht werden und Schulen *zu funkional* und *emotional befriedigenden Lernwohnungen!* Je länger ich mit der Problematik von Verhaltensschwierigkeiten täglich beruflich konfrontiert bin, desto überzeugter bin ich von einer meiner ältesten, „kühnen" Forderungen, die ursprünglich eher aus lernorganisatorischen Gründen entstand und als Maßnahme zur besseren Umsetzung alternativer Lernformen in meinen Klassen unerlässlich schien:

Weit vorrangiger als für die Umsetzung leistungsdifferenzierenden Unterrichts muss diese Forderung allerdings für die Bewältigung von Störungen im Unterricht und generell für einen Unterricht gelten, der nicht nur leistungs-, sondern auch verhaltensdifferenziert angelegt wird. Eine Sitzordnung, die den raschen Wechsel von Sozialformen nicht zulässt, widerspricht heute schon den Lehrplananforderungen, die für alle Schultypen diesen Wechsel dringend empfehlen.

Ein Raum, der keinerlei Rückzugsmöglichkeiten in Nischen, Ecken, besser noch Ruhezentren gewährt, wo in 5–8 Stunden am Tag nicht einmal ein Vorhang zwischen dem „Ich" und den anderen gezogen werden kann, ist Konflikt fördernd, ja er provoziert einen solchen sogar. Ordnungssysteme für den Einzelnen, die gerade die Größe einer Einkaufsplastiktüte ohne sinnvolles Fächersystem haben („Schul-Säcke") und deren schulinterne Ergänzungsstücke aus „Löchern in Bauchhöhe" (Bankfächern) bestehen, bedingen Chaos bei Arbeitsmitteln, damit auch Chaos in der persönlichen Lernorganisation und bei nicht wenigen in der Folge chaotisches Sozialverhalten.

Aber es geht hier um weit mehr als nur Dysfunktionalität. Es geht auch um Ästhetik, um die Verwirklichung persönlichen Geschmacks. Der Trick besteht darin, *Raumbewohner in die Raumgestaltung* einzubinden. Tatsache ist allerdings, dass die meisten Kinder und Jugendlichen in der Schule Räume vorfinden – alte, kalte, teils desolate oder aber neue, moderne, architektonisch durchgestylte. Dort verbringen sie mehr als den halben Tag in – wie auch immer gearteten – ihnen stets „vorgesetzten" Räumen. Jugendliche, aber sogar schon kleinste Kin-

◆ Praktische Schlussfolgerungen ◆

der müssen also die Räume, in denen sie leben, nach ganz persönlichen Vorstellungen gestalten dürfen, vor allem, wenn sie zu auffälligem oder störendem Verhalten neigen, denn die selbstgestaltete „Höhle" entspricht der phylogenetisch vorgegebenen Sehnsucht des Menschen nach einem „eigenen Revier", den „eigenen 4 Wänden". Wer Vandalismus vorbeugen will, muss den die Schulen und Wohnungen mitbenützenden Kindern und Jugendlichen eine echte Chance zur Mitgestaltung dieser Räume geben. Sie müssen dazu um Wünsche, Vorstellungen gefragt und dann bei Umgestaltungen selbst tätig werden dürfen. Die praktische Erfahrung zeigt, dass dies gar nicht so einfach ist, weil Kinder gar nicht mehr glauben, auch für die Schulraum- oder familiäre Wohnraumgestaltung zuständig zu sein. Man muss sie in der Praxis erst dazu ermutigen, doch danken sie es mit erhöhtem Verantwortungsgefühl. Es gibt noch viel zu wenige Beispiele dafür, dass dies auch passiert, aber wo dies der Fall ist, kommt es kaum zu Sachbeschädigungen.

Die gestaltende Raummanipulation kann jedenfalls nur nach Absprache mit allen Raumbenützern erfolgen, weshalb in diesem Kapitel „Wie es gehen kann" ident ist mit „Worüber man nachdenken kann".

5.5.2. Beispiel: „Klima-Manipulation"

◆ „Bei uns liegt immer etwas in der Luft", so beschrieb mir ein Schüler seine Familiensituation, und leider ist auch in Schulen sofort eine arge „Klimaverschlechterung" in Aussicht, wenn Störungen im Tagesbetrieb auftreten. Die folgenden Maßnahmen sind ebenso einfach wie unkonventionell, sie passen eigentlich nicht zur Schule und wirken fast ein wenig „lächerlich" – aber sie sollen ja wirken, indem sie Freude bei allen aufkommen lassen –, und das tun sie bei regelmäßiger Anwendung.

„Time out"

Gemeint ist damit die Möglichkeit, den *Unterricht* aus gegebenem Anlass auch einmal *außerhalb der Pausenzeit bewusst zu unterbrechen*. Diese *„Auszeit"* kann für bestimmte Anliegen, körperliche Balanceübungen u. Ä., aber auch zur völlig freien Verfügung innerhalb des Raumes genützt werden. Die Maßnahme *bietet sich* besonders *in „Sackgassen-Situationen"* an, wenn sich mehr als die halbe Klasse nicht mehr auskennt, wenn die allgemeine Unruhe schon so groß ist, dass sie die Toleranzgrenze der Lehrperson überschreitet, wenn ein Konflikt zwischen zwei Personen schon zu lange dauert oder sichtbar rasch eskaliert usw. „Time out" kann auch *durch das Heben einer Tafel* angezeigt werden, und es muss in jeder Gruppe genau festgelegt werden, welche *Verhaltensregeln* für alle in dieser kurzen „Unterbrechungszeit" gelten mögen. Die Regeln sollten nach Erfahrungswerten geändert werden.

„Musik beim Lernen"

Als sehr wirkungsvoll erweist sich im Umgang mit geistig behinderten Menschen immer wieder der Einsatz von Musik. Sie wirkt aber nicht nur auf geistig Behinderte. Es gibt immer wieder Situationen im Unterricht, wo entsprechend ausgewählte *Musik* viel *zur Entspannung und Beruhigung* beitragen kann, ohne dass deshalb der Lerneffekt geringer würde. Ein Beispiel wären hier alle *Unterrichtssequenzen, in denen Texte still erlesen werden*. Leise Musik stellt aber auch ein *„akustisches Modell"* dar, und wenn die Lehrperson zu leiser Musik auch noch leise spricht, folgen auch die Kinder diesen Modellen, etwa beim Erledigen der Aufgaben eines Stationenplanes. Es soll noch erwähnt sein, dass hier natürlich von *Instrumentalmusik* die Rede ist.

„Verdunkeln"

Es gibt viele Geschichten darüber, was nicht alles „hinter dem Rücken" der LehrerIn angestellt wurde, oder als beim Physikexperiment der Raum verdunkelt wurde. Nun, die Erfahrung lehrt auch das Gegenteil. Vor allem *wenn die*

Praktische Schlussfolgerungen

Konzentration der Kinder besonders gefordert ist, wenn sie z. B. ihr Gehör besonders aktivieren sollen, ist natürlich eine gewisse *Einschränkung visueller Reize*, die durch das Verdunkeln erreicht werden kann, *hilfreich* und kann Störungen verhindern. Auch für die schon beschriebenen Sensibilisierungsübungen ist ein leichtes Raumabdunkeln sehr vorteilhaft.

IM DUNKELN IST'S GUT MUNKELN

DARÜBER KANN MAN NACHDENKEN:

◆ Obwohl immer wieder befürchtet wird, SchülerInnen könnten die „Time-out"-Regelungen missbrauchen, um sich vor dem Lernen zu drücken, kenne ich von Seiten jener Lehrpersonen, die diese Maßnahme, wie ich selbst, regelmäßig praktizierten, keinerlei derartige Erfahrungen. Kinder drängen nach kurzen „Aus-Zeiten" eher zur intensiveren Fortsetzung, was den wichtigen „Blitzerholung-durch-Abschalten-Effekt" zu bestätigen scheint.

◆ Praktische Schlussfolgerungen ◆

5.5.3. Beispiel: „Persönlichkeitsmanipulation"

◆ Übungen dieser Art entsprechen den Erfahrungen von Kinderspielen aus der Zeit vor der Schule und sollen helfen, andere Personen, aber auch sich selbst besser zu verstehen und dadurch mit der eigenen Persönlichkeit besser umgehen zu können, mehr Selbstbewusstsein und Selbstwertgefühl zu entwickeln.

„In die Rolle anderer Personen schlüpfen"

Als *Vorübung* für Übungen dieser Art empfehlen sich wieder die schon beschriebenen *„Spots in Movements"* bei GO. Dabei werden einige Merkmale der Personen, die später in kurzen Rollenspielsequenzen dargestellt werden sollen, sozusagen „ausprobiert". *„Wir schreiten streng durch den Raum!"* – *„Wir drohen alle mit dem Zeigefinger!"* – *„Wir lächeln mitleidig von oben auf jemanden herab!"* – z. B. als *Vorbereitung für* eine spätere *Rolle* des „unangenehmen Lehrers" – und *„Wir strecken jemandem die Arme freudig entgegen!"* – *„Wir helfen jemandem freundlich vom Boden auf!"* – *„Wir legen jemandem freundschaftlich den Arm um die Schulter!"*, z. B. als *Vorbereitung für* eine spätere *Rolle* als „angenehmer Vater". Ähnliche Spots können auch zur *sprachlichen Ausführung der Rolle* vorgegeben werden, wie z. B. *„Wir beschimpfen jemand nur mit den Wörtern: ‚Himmel', ‚Erde', ‚Feuer' und ‚Wasser' – ‚Du Himmel, du!' oder nur ‚Himmel!'"* Dann begrüßen wir jemand mit diesen Wörtern, also z. B. ‚Meine Verehrung, Frau Wasser!' oder nur ‚Wasser Wasser!' im Tonfall von ‚Guten Morgen!'

Erst nach Übungen dieser Art kann, allerdings noch immer in GO, daran gedacht werden, kleinere Szenen für die Kinder vorzugeben. Eine solche könnte sein:

1. Szene: Ein sehr freundlicher Vater eines Schulkindes wird von einem schulmeisterlichen Lehrer streng und rügend darauf hingewiesen, dass sein Sohn mit Wasserluftballons im Hof gespielt hätte. Was da alles passieren kann!
Der Vater verteidigt mit Güte seinen Sohn.

2. Szene: Nun versucht der Vater, den Lehrer ständig zu unterbrechen, ihm ins Wort zu fallen, und ist selber schulmeisterlich.

3. Szene: Der Lehrer versucht zaghaft, sein Anliegen vorzubringen, und der Vater reagiert empört darüber, wie seinem Sohn in der Schule die Freiheiten eingeschränkt werden. Der Lehrer geht in die Knie und entschuldigt sich hundertmal.

◆ Praktische Schlussfolgerungen ◆

Nachbesprechungen erfolgen bei solchen Übungen in GO fast immer ohne Aufforderungen. Man erzählt sich, wie man sich in der Rolle fühlte, was besonders lustig war, usw. Schauspielerische Leistungen sollten keinesfalls herausgehoben oder gar bewertet werden. Das Ziel ist es, in Rollen zu agieren, sich kurzzeitig in diesen Rollen zu erleben und Verhaltensweisen von (im Beispielsfall Autoritäts-)Personen verstehen zu lernen.

ROLLENSPIELE ERFORDERN SOLIDE DIDAKTISCHE AUFBEREITUNG!

DARÜBER KANN MAN NACHDENKEN:

◆ Natürlich kann auch mit einfachsten Requisiten oder Verkleidungen gearbeitet werden, wenn es um Persönlichkeitsmanipulationen geht. Es können „Modeschauen", „Fernsehansagen" oder „Radiointerviews" gespielt und Szenen auf ein Zeichen (z. B. Pfiff) auch als „Standbild" eingefroren werden. Dann weiterspielen, wieder einfrieren – Was hat sich geändert? – Zuschauer öffnen nur beim Signalton die Augen.

◆ Praktische Schlussfolgerungen ◆

5.5.4. Beispiel: „Systemmanipulation"

◆ Bei Übungen dieser Art sollen fiktive Situationen bewusst erzeugt und durch derartige Manipulationen Verhaltensweisen anderer, aber auch die der eigenen Person bewusster erlebt werden.

Es können allerdings auch reale Systeme kurzzeitig durch manipulative Eingriffe verändert und damit späteres Verhalten in solchen Systemen trainiert werden.

„Planspiele erfinden"

Die in der Literatur vorgegebenen Planspiele haben zumeist einen Nachteil: Sie lassen sich kaum auf die konkrete Situation einer Schulklasse, Familie usw. übertragen. *Klippert, H.* (1996) gibt für die Durchführung von Planspielen *3 Phasen* an: die *Anregungsphase*, die *Suchphase* und die *Entscheidungsphase*. Tatsächlich sollten diese Übungen eng mit den jeweiligen Unterrichtsanliegen in diversen Fächern verbunden werden (themenzentriert – fächerübergreifendes Arbeiten).

Denn schon in der *Anregungsphase* muss zu irgendeiner gewählten Problemsituation einschlägige *Sach- und Fachinformation* eingeholt werden. In dieser Phase muss auch abgeklärt werden, welche *möglichen Interessen* und *Zielsetzungen* eigentlich auftreten könnten. Schon deshalb läuft meines Erachtens eine konkrete Vorgabe zum Nachspielen allen Überlegungen zuwider, die den Einsatz solcher Übungen rechtfertigen.

Es macht erfahrungsgemäß auch den Kindern viel größeren Spaß, nach einer Informationsphase zu einem Thema, z. B. „Wird der Schulausschuss der Durchführung eines Konzertes der Gruppe XY im Turnsaal zustimmen?", die entsprechenden *Rollenvorgaben, Ereigniskarten, Spielregeln* usw. *selbst mitzubestimmen*. Entscheidend ist, dass die fiktiven Rollen nicht nur später übernommen und erlebt, sondern dass diese auch zuerst selbstständig „realitätsnah" recherchiert und dementsprechend für das Spiel beschrieben wurden.

„Reale Systemmanipulation"

In den vielen bekannten *Dritte-Welt-Spielen*, Planspielen und *SIMSOC* (Simulated Society)-Games wird gesellschaftliche Weltwirklichkeit zum Anlass genommen, Erkenntnisse über teils traurige Zustände auf unserer Erde in fiktiven Rollen zu gewinnen. Besonders spannend sind zweifellos die immer häufiger werdenden Formen „realer Systemmanipulationen". Es begann mit den Schnupperlehren, und kürzlich übernahmen Schüler einer Hauptschule ein gesamtes gesellschaftliches „System", indem sie von der Geschäftsleitung über den Einkauf bis zum Verkauf, natürlich unter Beobachtung, für einen ganzen Tag alle Tätigkeiten in einem großen Baumarkt übernehmen. Nur allzu verständlich waren für mich die Rückmeldungen der Kinder wie Erwachsenen. Große Begeisterung! Bleibt nachzutragen: Verhaltensauffälligkeiten wurden an diesem Tag nicht beklagt.

◆ Systemmanipulationen, wie z. B. „Die Kinder der 3. u. 4. Klassen bereiten für die Kinder der 1. u. 2. Klassen einen Schultag lang den Unterricht in Form eines Lernbazars vor", benötigen im Unterschied zu den meisten Vorschlägen oft einige Stunden, Tage, ja Wochen, weil sie, so wie hier beschrieben, fast immer Projekt- oder Workshopcharakter annehmen.

◆ Praktische Schlussfolgerungen ◆

5.6. „Lustgewinn-Tricks"

5.6.1. Beispiel: „Verstärkerlisten"

◆ Um überhaupt ein Kind oder einen Jugendlichen positiv verstärken zu können, wie das nun schon bei einigen Vorschlägen gefordert wurde, ist es dringend notwendig, erst einmal in Erfahrung zu bringen, was dieser Person nun wirklich Freude bereitet – genau das herauszufinden, ist die Absicht der folgenden Übungen.

„Verstärkerlisten"

Natürlich liefert *auch* die Methode *„Wünsche versteigern"* (vgl. 5.4.1.) Anregungen dafür, was im Rahmen eines Programmes im Umgang mit Verhaltensauffälligen als positiver Verstärker genutzt werden kann, und *die tägliche genaue Beobachtung* wird diesbezüglich ebenfalls Ansätze bieten. Doch erstens *ändern sich* die möglichen *Verstärker in diesem Alter* oft sehr rasch, und zweitens bietet die im folgenden dargestellte Methode auch eine Gelegenheit, in regelmäßigen zeitlichen Abständen in reflektorischer und selbstreflexiver Art und Weise gewissermaßen über Wünsche Bilanz zu ziehen.

Zwar soll in diesem Beitrag ein *Vorschlag* gemacht werden (vgl. „Verstärkerliste" unten), *wie ein Fragebogen dazu aussehen könnte*, aber es soll gleichzeitig wieder einmal darauf hingewiesen werden, dass schon bei der Erstellung einer derartigen Frageliste auch die Betroffenen eingebunden werden können. Einige Runden der *„Kugellagertechnik"* (vgl. 5.3.2.) mit speziellen Runden zu Themen wie *„Lieblingsessen"*, *„Lieblingssportarten"*, *„Lieblingsbeschäftigungen"*, *„Sammlerleidenschaften"*, *„Was ich an anderen besonders mag"*, *„Wovon ich nicht genug kriegen kann"* usw. können das Erstellen einer Frageliste sehr erleichtern und ermöglichen es, diese noch passender für die einzelnen Personen in einer Klasse oder auch Familie zu gestalten.

Schreibe bitte zu jedem Punkt, den ich vorlese, ohne viel nachzudenken, Schulnoten von „1" (Mag ich sehr gerne!) bis „5" (Mag ich überhaupt nicht!) hin:			
Teil I	**Teil II**		
1. Eiscreme essen	30. Sportsendungen	59. basteln	
2. Süßigkeiten	31. Quizsendungen	60. handarbeiten	
3. Früchte	32. Spielfilme	61. reisen	
4. Kuchen	33. Musikshows	62. einkaufen gehen	
5. Gebäck	34. ins Kino gehen	63. schlafen	
6. Mineralwasser trinken	35. Wildwestfilme ansehen	64. ein Bad nehmen	
7. Milch	36. Kriminalfilme	65. duschen	
8. Tee	37. Zeichentrickfilme	66. beten	
9. Kaffee	38. lustige Filme	67. hübsch angezogen sein	
10. Fruchtsaft	39. ins Theater gehen (Märchenaufführung zu Weihnachten)	68. gelobt werden	

Praktische Schlussfolgerungen

11. Limonade	40. tanzen	69. des Aussehens wegen	
12. ausklügeln, wie etwas funktioniert	41. singen	70. des Betragens wegen	
13. Puzzlespiele	42. ein Musikinstrument spielen	71. der Ordnung wegen	
14. Musik hören	43. malen	72. der körperlichen Kraft wegen	
15. Pop-, Beatmusik	44. Sport treiben	73. sich unterhalten	
16. Deutscher Schlager	45. Fußball spielen	74. mit Freunden	
17. sich mit Tieren beschäftigen	46. Tischtennis spielen	75. mit Klassenkameraden	
18. mit Hunden	47. skifahren	76. mit Geschwistern	
19. mit Katzen	48. snowboarden	77. mit dem Vater	
20. mit Vögeln	49. schwimmen	78. mit der Mutter	
21. Lesen	50. skaten	79. mit dem/der LehrerIn	
22. Abenteuergeschichten	51. Eis laufen	80. jemandem eine Freude machen	
23. lustige Bücher	52. Rad fahren	81. jemandem helfen	
24. Witze	53. mit Babys zusammen sein	82. dem Klassenkameraden	
25. Bilderhefte (Comics)	54. mit Kindern zusammen sein	83. dem Freund	
26. Radio hören	55. Karten spielen	84. dem Bruder/der Schwester	
27. Fernsehen	56. wandern	85. der Mutter	
28. Krimis	57. Auto fahren	86. dem Vater	
29. Werbefernsehen	58. sammeln (Briefmarken, Münzen)	87. einander Witze erzählen	
...	...	...	
...	...	...	

(Petermann, F./Petermann, U, [1997], S. 37 f.)

Zuerst sollte an einigen Beispielen sichergestellt werden, dass alle wissen, wie die Beurteilung erfolgen sollte. Nach Beurteilung der vorgegebenen Items sollten einige freie Zeilen für Ergänzungen, wie etwa bei „Tagebücher schreiben" oder „Feuerwehr" u. Ä., bleiben.

DARÜBER KANN MAN NACHDENKEN:

- Es sollten unbedingt auch Items über Vorlieben in die Liste aufgenommen werden, die in der Schule als Verstärker nicht genützt werden können. Bei zentralen Vorlieben kann nämlich schon ein Gespräch über diese Tätigkeiten positive Verstärkerwirkung haben – auch Erzählungen und Schilderungen über besondere Vorfälle bei der Ausübung solcher Tätigkeiten werden von den ErzählerInnen als positive Verstärker erlebt.

◆ Praktische Schlussfolgerungen ◆

5.6.2. Beispiel: „Lernpläne erstellen"

◆ Die Absicht ist hier, die Freude am Lernen einerseits durch Anwendung von Techniken des Lernen-Lernens zu steigern, andererseits Erkenntnisse über Wesensmerkmale des eigenen Lernverhaltens zu erhalten.

„Ich lerne so – wie lernst du?"

Was sich hinter dieser Überschrift verbirgt, ist der *Titel eines Projektes*, an dem alle Beteiligten als gleichwertige Personen teilnehmen.

Im Rahmen dieses Projektes kann erst einmal auf der Basis der Definition *Jeder Lernprozess stellt eine Verhaltensänderung dar und besteht aus den Phasen „Wahrnehmen", „Denken", „Behalten" und „Anwenden"* in einer GO und GA ein *kleiner „Wettbewerb"* organisiert werden, der den Titel tragen könnte: *„Wer kann in drei Minuten mehr abgeschlossene Lernprozesse aufzählen?"* Gezählt würden z. B. nur Nennungen, bei denen *Lernertrag im Sinne einer veränderten praktischen Handlung* erfolgte – also nicht „ 7 x 5 =35", sondern *„Rudi kann 7 Kaugummis à 5 ATS kaufen und das Wechselgeld auf 50 ATS nennen."*

Es sollte also mit Nachdruck bewusst gemacht werden, wie wichtig *die Anwendung* für den Abschluss eines Lernprozesses ist. *Nicht Wissen, sondern die Umsetzung desselben in praktisches Handeln ist wichtig.*

Dann sollten natürlich *individualtypische Voraussetzungen* für das Lernen erhoben werden. Selbst VolksschülerInnen zeigen schon großes Interesse, wie ihre *Wahrnehmung* und ihr persönliches Gedächtnis funktionieren. Dazu können kleine *Experimente* und *Tests* durchgeführt werden (vgl. *Kret, E., 1993*), auf Basis dieser Ergebnisse kann ein *Profil* der eigenen Lerntätigkeit mit allen Besonderheiten erstellt werden, und die so gewonnenen *„Lerntypen"* können in einer Klasse oder Familie miteinander verglichen werden. Ist erst einmal heraus, dass der Vater eigentlich ein völlig konträrer Lerntyp als man selbst ist, kann mit erdrückenden Leistungsanforderungen seinerseits schon viel besser, weil verständnisvoller umgegangen und die Frustration abgebaut werden. Ein sehr guter Ausgangspunkt, um wieder Lust am eigenen Lernen zu gewinnen!

„Lernpläne erstellen"

Sind die Eckdaten der eigenen Lerntätigkeit einmal bekannt, wird es sinnvoll, auf diese abgestimmte „Lernprogramme" zu erstellen. Diese Eckdaten – ähnliche Typen können sich in der FA -Form beim Planen zusammentun – berücksichtigend, sollten darin *individuelle „Lernpläne"* für 1 Woche oder auch 1 Monat

◆ Praktische Schlussfolgerungen ◆

erstellt werden. Selbstverständlich sollten *Aspekte* wie „*Ich lerne gerne bei Musik!*" oder „*Ich benötige einen Gesprächspartner beim Lernen, weil ich beim Sprechen besser denken kann!*" usw. so gut wie möglich *in diese Pläne eingebaut werden*, regelmäßige *Zwischenertragskontrollen* mitbedacht werden und auch „*Hilfskurse*" für spezielle Aufgaben beim Lernen angeboten werden. (Mnemotechnik, etc.). Es handelt sich also bei diesem Vorschlag um einen *themenzentrierten Unterricht mit Kursphasen*.

◆ In den Schuljahren 1994/95 und 1995/96 führte ich mit 10 österreichischen HS- und AHS-LehrerInnen ein Forschungsprojekt durch, in dessen Rahmen in Klassen mit Teamteaching der Einsatz differenzierter Arbeitsweisen auf Basis zuvor erhobener „Lerntypen" untersucht wurde. Alle Ergebnisse belegten, dass die Berücksichtigung individueller Ausprägungen des Lernverhaltens nicht nur ertragssteigernd im Sinne „mehr Leistung", sondern auch im Sinne „mehr Selbstsicherheit" war, also auch unmittelbare Auswirkungen auf das Sozialverhalten 10- bis 14-Jähriger hat. (Vgl. *Kret, E./Chalupka, P./Leitner, G.*, 1996)

5.6.3. Beispiel: „Als Geehrte, Helfer und Gelobte dastehen dürfen"

◆ Wer Anerkennung für Tätigkeiten oder Verhaltensweisen bekommt, verspürt neuen Elan „weiterzumachen", wofür das Glücksgefühl verantwortlich ist, das durch soziale Anerkennung fast immer ausgelöst wird. Ziel der folgenden Vorschläge ist es also, Gelegenheiten zu schaffen, dass jemand, im besten Fall die als „StörerInnen" bekannten Kinder und Jugendlichen, soziale Anerkennung erfahren.

„Sich nicht blamieren, sondern brillieren"

Eine sehr einfache Methode, dies zu erreichen, sind *Vorabsprachen*. Wer täglich mehrmals in alle „Fettnäpfchen" tritt, die es gibt, dem kann ein wenig geholfen werden, diese zu vermeiden, indem man ihn an Stellen führt, wo man gut mit beiden Beinen Halt findet, also eventuell auch „Wurzeln schlagen" kann. Wenn beispielsweise nach einem Konflikt mit einem Kind die Möglichkeit des „Time out" genützt wurde und alle erwarten, dass die Erziehungsperson dem „Störenfried" im vertrauten Gespräch sozusagen „ordentlich den Kopf wäscht", ergibt sich manchmal eine gute Situation, sodass im Gegensatz zu den Erwartungen aller mit diesem Kind *ein positiver „Auftritt" vor der ganzen Klasse/Familie geplant* werden kann. Zur Überraschung aller wird am Folgetag etwa eine *Aufgabe*, eine *Erzählung* über ein für alle tolles Erlebnis, eine *Geschicklichkeitsleistung*, ein *Bild* o. Ä. *von diesem Kind präsentiert*, und anstatt zu beweisen, was es alles nicht kann, wird etwas Besonderes hervorgehoben, das es kann.

„Helfen dürfen"

Immer wieder wird von den Kindern „verlangt", dass sie einander helfen, einander unterstützen, unabhängig davon, wie wichtig die Person, der sie helfen sollen, für sie ist. In Wahrheit kann dies sogar als Demütigung aufgefasst werden, da es wirklich einer Nötigung gleichkommt, wenn man nur dann als „gut" gilt, wenn man seine „Feinde liebt". Nebenbei bemerkt, erleben Kinder ein derartiges „Modellverhalten" in der Wirklichkeit kaum. *Auch das Helfen will also gelernt sein* und sollte daher, besonders für verhaltensschwierige Kinder, *anfangs ganz leicht gemacht werden*. Der einfachste Trick dabei ist, die *Hilfsbedürftigkeit sehr wichtiger Leute zum Thema zu machen*, wobei wieder einmal *zuerst ausgeforscht* werden muß, *wer für wen wichtig ist* und welche Hilfshandlung auch wirklich realisiert werden kann.

Einige Beispiele:

◆ Der Schuldirektor will das Chaos vor dem Jausenstand in den Griff kriegen – er bittet um Ideen dafür!

◆ Praktische Schlussfolgerungen ◆

- Die Lehrerin hat große Probleme mit ihrer Stimme, sie wird gegen Ende der Woche immer schwächer – wie können die SchülerInnen ihr helfen?
- Der Unterrichtsminister musste dem Parlament berichten, dass jährlich Millionen Schilling Sachschäden an den Schuleinrichtungen entstehen – welche Vorschläge könnten in einem Brief an ihn stehen?
- etc.

„Ehren und feiern"

Viel zu selten nützen wir das familiäre oder schulische Geschehen zum Feiern und für Ehrungen. Einige Beispiele:

- Rudi wird heute geehrt, weil er den ganzen Tag niemanden beschimpfte. Er darf sich ein Wunschlied aussuchen – alle klatschen.
- Der Lehrer hat heute kein Kind angebrüllt – Maria hält eine (vorbereitete) Laudatio in 5 Sätzen und verleiht die Auszeichnung „Schon viel besser!" – Jubel!
- usw.

- Der größte Feind guter Laune ist der Alltagstrott. Daher kommt es gerade bei diesen Maßnahmen auf gutes Timing und Echtheit an.

◆ Praktische Schlussfolgerungen ◆

5.7. „Lernprofi-Tricks"

5.7.1. Beispiel: „Kreative Lernorganisation – kreatives Lernen"

◆ Durch eine Vielzahl in das Unterrichts- oder Tagesgeschehen in der Familie „eingestreuter" Maßnahmen oder durch lernorganisatorische Maßnahmen, die konsequent eingesetzt werden, soll die „Erziehung zur Selbsterziehung" vorangetrieben und größere Selbstständigkeit und Eigenverantwortlichkeit erreicht werden.

„Arbeitsaufträge, Fragen, Antworten, Beobachtungen usw."

Oftmals ist *auffälliges Verhalten* eine *Überschussreaktion*, ein „Dampfablassen". Es steckt viel *Energie* in diesen *„Entladungen"*, und es drängt sich natürlich der Gedanke daran auf, wie man diese *„Energie umleiten"* könnte. Dies funktioniert auch immer wieder recht gut, wenn diese Kinder sozusagen *„mit Handlungen eingedeckt"* werden. Man muss sie *wichtig sein lassen, ihnen Aufträge erteilen* und *ihre Sinnerlebniswelt durch Beobachtungsaufträge erweitern*. Hier nur einige Beispiele, wie das gehen kann:
„Bitte lies mir schnell aus der Zeitung … vor!"
„Schalten wir beim Fernseher einmal den Ton ab und versuchen herauszufinden, was die reden!"
„Du darfst 10-mal fragen, wo ich gerade herkomme!"
„Lass mich 3-mal raten, was du dir jetzt denkst!"
„Im Schulhof (Garten) gibt es ein Vogelpaar, das … aussieht – habt ihr das schon gesehen?"
„Die Sonne geht, von meinem Fenster aus gesehen, zur Zeit genau … unter – und bei euch? Zeichnet es 2 Wochen ein!"
„Ich habe letzte Nacht von … geträumt – und du? Erzähl es mir morgen!" usw.
Das Kind muss spüren, dass auch Sie an Vorgängen und Ereignissen auf dieser Welt interessiert sind, und muss auch Sie als „EntdeckerIn", „ForscherIn", „BeobachterIn", „Fragende/n" erleben, damit es selbst beginnt, aus seiner „Narrow Mind Position", in der sich viele Verhaltensauffällige befinden, auszubrechen, ein bisschen „aufzumachen".
Als ich selbst noch ein kleiner Junge war, erzählte mir eine Freundin meiner Mutter, dass ihre Katze Eis laufen könne, was bei mir zu äußerst nachhaltigen Beobachtungen der Katze und ihrer Lebenswelt führte.

„Arbeiten nach Plänen"

Das Arbeiten nach Plan wurde in diesem Buch ja schon einige Male angesprochen. In der Schule wie zu Hause wird diese Methode viel zu selten genützt.

◆ Praktische Schlussfolgerungen ◆

Menschen sind, entwicklungsgeschichtlich gesehen, Jäger und Sammler. Arbeitspläne ermöglichen es, diese Ur-Antriebskraft zu nützen. Ein Plan stellt auch eine Art „Laufzettel" dar, die erledigten Aufträge werden „abgehackt" („eingesammelt"), und irgendwann ist der Gesamtauftrag erledigt („die Beute erlegt"). „Tages-", „Wochen-" oder „Zwei-Wochen-Pläne", die von den Betroffenen mitgestaltet und daher natürlich immer spezieller Art sein müssen, bewirken oft wundersame Verhaltensänderungen im gewünschten Sinn. Solche „Stationenpläne" müssen gar nicht aufwendig sein, und man kann sich dafür auch eine Art Vordruck herstellen. (Vgl. Abb. unten)

Fach:	Name:		Gültig bis:	
Das hast du erledigt:		So gut hast du es gemacht:		
	:	❏	○	▽
	:	❏	○	▽
	:	❏	○	▽
	:	❏	○	▽
	:	❏	○	▽
	:	❏	○	▽
Zusätzliches: Mitarbeit / Verbesserungen / Kartei / Tonband / AB / Lesemappe / Ideen / etc. ...				
	:	❏	○	▽
	:	❏	○	▽
Der Plan war für mich:		☺	😐	☹
Ich habe folgendes Ergebnis erreicht:		❏	○	▽

(Kret, E., 1997, Beiheft zum Stationenplankoffer II)

DARÜBER KANN MAN NACHDENKEN:

◆ Ein sehr wichtiger Aspekt bei diesen Vorschlägen ist der sprachliche Kompetenzerwerb, der erreicht wird. Richtiges Fragen, aber auch Antworten will erst einmal gelernt sein. Welche Fragen führen am raschesten zur richtigen Lösung? Wer kann wie befragt werden? usw. – alles Aktivitäten, die ja auch in Wissenschaft und kulturellen Angelegenheiten von entscheidender Bedeutung sind.

6. Schlusswort

Der Umgang mit Kindern, vor allem mit solchen, die in ihren Möglichkeiten, diese Welt störungsfrei erleben zu können, auf irgendeine Art beeinträchtigt sind, erfordert neben pädagogischem Wissen und Erfahrung vor allem eine *Haltung*. Die folgenden Gebote mögen eine Richtlinie für das aus einer derartigen Einstellung resultierende Verhalten gegenüber Kindern vorgeben:

> „10 Gebote der Psychohygiene in der Schule:
> 1. Das Recht auf persönliche Würde.
> 2. Das Recht auf körperliche Integrität, Achtung der persönlichen Grenzziehung zwischen Nähe und Distanz; das Recht auf Stressbalance (Vermeidung von Überlastung).
> 3. Das Recht auf ein positives Arbeitsklima, in dem persönliches Engagement leicht gemacht wird.
> 4. Das Recht auf Selbstverwirklichung im Tätigkeitsfeld, insbesondere in der Persönlichkeitsbildung.
> 5. Das Recht auf schöpferische Entfaltung der eigenen Begabungen.
> 6. Das Recht persönlicher Überzeugungen und das Recht auf Widerstand gegenüber Situationen, die dem eigenen Gewissen widersprechen.
> 7. Das Recht auf Solidarität, auf solidarische Hilfe durch andere, Aussprachemöglichkeiten, Unterstützung.
> 8. Das Recht auf Integriertheit im Team.
> 9. Das Recht der Selbstbehauptung gegenüber unangemessenen Erwartungen und das Recht auf Weiterentwicklung (d. h. noch nicht perfekt, vollkommen sein zu müssen, sondern auch Fehler machen zu dürfen und aus ihnen zu lernen).
> 10. Das Recht, alles in Anspruch zu nehmen, was zur Aufrechterhaltung des positiven Selbstwertgefühls und der persönlichen Lebensqualität notwendig ist."
>
> (Sedlak, F., 1992, S. 12)

Dass das „Loslassen" im Umgang mit auffälligen Kindern ebenso wichtig wie das Vermitteln von „Geborgenheit" ist, soll der zweite wichtige Punkt in einem Schlussresümee sein. Würden wir uns folgendes **Arbeitsprogramm** vornehmen, die Tatsache beherzigen, dass **Kinder nie unser Eigentum** sind und dazu noch den „**Sokratischen Eid**" nach *Hartmut von Hentig* (siehe Seite 133) ablegen, könnten wir allen Problemen mit Gelassenheit entgegenblicken.

> **Arbeitsprogramm**
> Uns treffen,
> ohne uns zu verletzen.
> Uns loslassen,
> ohne uns zu verlassen.
> Uns auseinandersetzen,
> ohne vom Stuhl zu fallen.
> Uns beistehen,
> ohne uns auf die Füße zu treten.
> Uns vertrauen,
> ohne uns falsche Hoffnungen zu machen.
> Uns geben,
> ohne uns etwas zu vergeben.
> Uns erkennen,
> ohne zu glauben:
> jetzt wüssten wir,
> wer wir sind.
>
> B. Heidebrecht
>
> (aus: *Brigitte Heidebrecht*, „Das Weite suchen", Verlag Kleine Schritte, Trier)

> **Von den Kindern**
> Eure Kinder sind nicht eure Kinder.
> Sie sind die Söhne und Töchter der Sehnsucht des Lebens nach sich selber.
> Sie kommen durch euch, aber nicht von euch, und obwohl sie mit euch sind, gehören sie euch doch nicht.
> Ihr dürft ihnen eure Liebe geben, aber nicht eure Gedanken.
> Denn sie haben ihre eigenen Gedanken.
> Ihr dürft ihren Körpern ein Haus geben, aber nicht ihren Seelen.
> Denn ihre Seelen wohnen im Haus von morgen, das ihr nicht besuchen könnt, nicht einmal in euren Träumen.
> Ihr dürft euch bemühen, wie sie zu sein, aber versucht nicht, sie euch ähnlich zu machen.
> Denn das Leben läuft nicht nach rückwärts, noch verweilt es im Gestern.

Schlusswort

Ihr seid die Bogen, von denen eure Kinder als lebende Pfeile ausgeschickt werden.
Der Schütze sieht das Ziel auf dem Pfad der Unendlichkeit, und er spannt euch mit seiner Macht, damit seine Pfeile schnell und weit fliegen.
Lasst euren Bogen von der Hand des Schützen auf Freude gerichtet sein:
Denn so wie er den Pfeil liebt, der fliegt, so liebt er auch den Bogen, der fest ist.

Khalil Gibran
(aus: Ders., „Der Prophet", Walter Verlag, Zürich)

„Der Sokratische Eid"
(nach *Hartmut von Hentig**)

Als Lehrer und Erzieher verpflichte ich mich,
- die Eigenart eines jeden Kindes zu achten und gegen jedermann zu verteidigen;
- für seine körperliche und seelische Unversehrtheit einzustehen,
- auf seine Regungen zu achten, ihm zuzuhören, es ernst zu nehmen;
- zu allem, was ich seiner Person antue, seine Zustimmung zu suchen, wie ich es bei einem Erwachsenen täte;
- seine Anlagen herauszufordern und zu fördern;
- seine Schwächen zu schützen und ihm beizustehen, wo es das braucht;
- seinen Willen nicht zu brechen – auch nicht, wo er unsinnig erscheint; ihm vielmehr dabei zu helfen, seinen Willen in die Herrschaft seiner Vernunft zu nehmen; es also den mündigen Verstandesgebrauch und die Kunst der Verständigung wie des Verstehens zu lehren;
- es bereit zu machen, Verantwortung in der Gemeinschaft und für diese zu übernehmen;
- es die Welt erfahren zu lassen, wie sie ist, ohne es der Welt zu unterwerfen, wie sie ist;
- es erfahren zu lassen, was und wie das gemeinte gute Leben ist;
- ihm eine Vision von der besseren Welt zu geben und die Zuversicht, dass sie erreichbar ist.

Damit verpflichte ich mich auch,
- so gut ich kann, selber vorzuleben, wie man mit Schwierigkeiten, den Anfechtungen und Chancen unserer Welt und mit den eigenen immer begrenzten Gaben zurechtkommt;
- nach meinen Kräften dafür zu sorgen, dass die kommende Generation eine Welt vorfindet, in der es sich zu leben lohnt;
- meine Überzeugungen und Taten öffentlich zu begründen, mich der Kritik – insbesondere der Betroffenen und Sachkundigen – auszusetzen, meine Urteile gewissenhaft zu prüfen;
- mich dann jedoch allen Personen und Verhältnissen zu widersetzen, wenn diese meine hier bekundeten Vorsätze behindern.

Ich bekräftige diese Verpflichtung durch die Bereitschaft, mich jederzeit an den in ihr enthaltenen Maßstäben messen zu lassen.

Da im täglichen praktischen Umgang mit Verhaltensauffälligkeiten allerdings die Einhaltung derartig hoch gesteckter Erwartungen an das eigene Verhalten meist nicht erreicht werden kann, mögen den LeserInnen abschließend folgende sieben Nachdenksätze angeboten werden, die teils eigene Schlussfolgerungen aus dem täglichen praktischen Umgang mit Verhaltensauffälligkeiten, teils Leitsätze für dieses Handeln darstellen.

Nachdenksätze:

Lieber in wenigen Dingen gemeinsam handeln, als wegen fehlender Gemeinsamkeiten überhaupt nicht handeln.

Es kommt nicht darauf an, wer die Probleme hat, sondern wie sie gemeinsam bewältigt werden.

Erziehen heißt, zuerst eigene Erziehungswege ausleuchten.

Erziehungsspielräume sind auch Räume zum Spielen.

Erfahrung ist für mich höchste Autorität.
(*C. Rogers*)

Der gewöhnliche Mensch lernt aus seinen Fehlern, der kluge auch aus Fehlern anderer, nur der dumme nicht einmal aus seinen eigenen. (*Konfuzius*)

Toleranz muss Anerkennung sein, sonst ist sie Duldung – und die ist eine Beleidigung.
(nach *Goethe*)

---
* Originaltext siehe Seite 136

7. Literatur

ALEX, S./VOPEL, K. (1989): Lehre mich nicht, lass mich lernen! Experimente für Kinder und Jugendliche (Teil 1–Teil 4): Isko-Press., 3. Aufl.
ALTRICHTER, H./POSCH, P. (1990): Lehrer erforschen ihren Unterricht. Klinkhardt.
ANDRESEN, U. (1994): So dumm sind sie nicht. Von der Würde der Kinder in der Schule. Beltz Quadriga.
BAACKE, D. (1993): Jugend und Jugendkulturen. Darstellung und Deutung. Juventa.
BAACKE, D. (1994): Die 13- bis 18jährigen. Beltz, Weinheim u. Basel. 7. Aufl.
BAACKE, D. (1995): Die 6- bis 12jährigen. Beltz, Weinheim u. Basel. 6. Aufl.
BAAR, E./TSCHINKEL, I. (1994): Arbeitsblätter für die Schulreife-Entwicklungshilfe. Jugend & Volk, 17. Aufl.
BACKERT, V. (1984): Verlust der Geborgenheit. Unsere kinderkranke Gesellschaft. Scherz.
BADEGRUBER, B. (1992): Offenes Lernen in 28 Schritten. Veritas Verlag.
BADEGRUBER, B. (1994): Spiele zum Problemlösen. 2 Bände. Veritas Verlag.
BALLINGER, E. (1992): Lerngymnastik, Bewegungsübungen für mehr Erfolg in der Schule (mit Musikkassette: Lerngymnastik - Begleitmusik): Breitschopf.
BALLINGER, E. (1994 a): Alex mit den rosa Ohren. Bewegungsübungen für Kinder im Kindergarten- und Vorschulalter. Breitschopf, Wien.
BANDLER, R., GRINDLER, J., SATIR, V. (1978): Mit Familien reden. München.
BANDURA, A. (1979): Aggression. Klett-Cotta, Stuttgart.
BASTIAN, J./GUDJON, H. (Hrsg.): (1986): Das Projektbuch II, Bergmann + Helbig. Hamburg.
BAUS, M., JACOBY, K. (1976): Sozialpsychologie der Schulklasse. Bochum. Kamp.
BECKER, G. E. (1985): Lehrer lösen Konflikte. Ein Studien- und Übungsbuch. Beltz, Weinheim u. Basel.
BECKER, G. E. (1991): Durchführung von Unterricht. Handlungsorientierte Didaktik Teil II. Beltz. 5. Aufl.
BECKER, G. E. (1991): Handlungsorientierte Didaktik. Eine auf die Praxis bezogene Theorie. Beltz.
BECKER, G. E. (1991): Planung von Unterricht. Handlungsorientierte Didaktik, Teil I. Beltz. 4. Aufl.
BECKER, G. E. (1993): Lehrer lösen Konflikte. Ein Studien- und Übungsbuch. Beltz, Weinheim u. Basel. 6. Aufl.
BECKER, G. E. (1993): Auswertung von Unterricht. Beltz.
BERNE, E. (1970): Spiele der Erwachsenen. Reinbek.
BESEMER, Ch. (1993): Mediation. Vermittlung in Konflikten. Königsfeld, Stiftung Gewaltfreies Leben.
BETTELHEIM, B./KARLIN, D. (1986): Liebe als Therapie. Gespräche über das Seelenleben des Kindes. Aus dem Franz. von Friedrich Griese. 3. Aufl.
BEYER, G. (1986): Gedächtnis- und Konzentrationstraining. Creatives Lernen, Superlearning, Lernen in Entspannung. Econ, Düsseldorf.
BIELEFELDT, E. (1993): Tasten und spüren. Wie wir bei taktil-kinästhetischer Störung helfen können. Ernst Reinhardt, München. 2. ü. u. erw. Aufl.
BIERHOFF, H. W. (1990): Psychologie hilfreichen Verhaltens. Kohlhammer, Stuttgart.
BIRKENBIHL, V. F. (1991): Stichwort: Schule. Trotz Schule lernen! Gabal. 4. Aufl.
BLUMENSTOCK, L. (1992): Handbuch der Leseübungen. Vorschläge und Materialien zur Gestaltung des Erstleseunterrichts mit Schwerpunkt im sprachlich-akustischen Bereich. Beltz, Weinheim und Basel, 4. Aufl.
BOAL, A. (1989): Theater der Unterdrückten. Suhrkamp, Frankfurt am Main
BOVET, G./HUWENDIEK, V. (Hrsg.) (1994): Leitfaden Schulpraxis. Cornelsen.
BRACK, U. B. (Hrsg.) (1986): Frühdiagnostik und Frühtherapie: psychologische Behandlung von entwicklungs- und verhaltensgestörten Kindern.
BRANDAU, H. (Hrsg.): (1991): Supervision aus systemischer Sicht. Otto Müller.
BRANDLER, R./GRINDER, J. (1981, 1981b): Metasprache und Kommunikation I. Paderborn.
BRANDLER, R./GRINDER, J. (1982): Metasprache und Kommunikation II. Paderborn.
BRANDLER, R./GRINDER, J. (1991): Neue Wege der Kurzzeit-Therapie. Paderborn, 9. Aufl.
BREM-GRÄSER, L. (1970): Familie in Tieren. Ernst Reinhardt, München– Basel. 2. Aufl.

BRENNER, H. (1982): Entspannungs-Training. München.
BREUER, H./WEUFFEN, M. (1991): Besondere Entwicklungsauffälligkeiten bei Fünf- bis Achtjährigen. Pädagogisch-psychologische Hinweise für Kindergärtnerinnen, Lehrer und Eltern. Luchterhand, Berlin, 2. bearb. Aufl.
BRÖHM-OFFERMANN, B. (1989): Suggestopädie. Sanftes Lernen in der Schule. Ders.: Nichts vergessen! Kopftraining für ein Supergedächtnis. München.
BROOKS, C. V. W.(1991): Erleben durch die Sinne. dtv, München.
BRÜNDEL, H/HURRELMANN, K. (1994): Gewalt macht Schule. Wie gehen wir mit aggressiven Kindern um? Droemer-Knaur, München.
BUTOLLO, W. (1986): Die Angst ist eine Kraft. Über die konstruktive Bewältigung von Alltagsängsten. Piper, München. 3. Aufl.
BÜTTNER, C., NICKLAS, H. (1984): Wenn Liebe zuschlägt. Gewalt in der Familie. Kösel. 2. Aufl.
BÜTTNER, Ch./FINGER-TRESCHER, U. (1991): Psychoanalyse und schulische Konflikte. Grünewald.
BUZAN, T. (1984): Kopftraining. Anleitung zum kreativen Denken. Berlin.
COHN, R. C. (1991, 1991c): Von der Psychoanalyse zur themenzentrierten Interaktion. Von der Behandlung einzelner zu einer Pädagogik für alle. Stuttgart. 10. Aufl.
DA SILVA, K./DO-RI-RYDL. (1994): Energie durch Bewegung. hpt. extra.
DANN, H. D. (1989): Was geht im Kopf des Lehrers vor? Lehrerkognition und erfolgreiches pädagogisches Handeln. Psychologie in Erziehung und Unterricht.
DE BONO, E. (1989): Konflikte. Neue Lösungsmodelle und Strategien. Düsseldorf.
DE BONO, E. (1994): Wie Kinder richtig denken. Econ, Wien.
DIETRICH, T. (1988): Zeit und Grundfragen der Pädagogik. Klinkhardt.
DREHER, E. & DREHER, M. (1985): Entwicklungsaufgaben im Jugendalter: Bedeutsamkeit und Bewältigungskonzepte. In: D. LIEPMANN & A. STIKSRUD: Entwicklungsaufgaben und Bewältigungsprobleme in der Adoleszenz. Hogrefe, Göttingen, S. 56–70.
DREIKURS, R. u. a. (1995): Lehrer und Schüler lösen Disziplinprobleme. Beltz, Weinheim u. Basel. 8. Aufl.
EBERLEIN, G. (1979): Ängste gesunder Kinder. Düsseldorf.
EDELMANN, W. (1993): Lernpsychologie. Beltz. Weinheim. 3. ü. Aufl.
EIBL-EIBESFELDT, I. (1987, 13. Aufl.): Liebe und Haß. Zur Naturgeschichte elementarer Verhaltensweisen. Piper, München.
ERIKSON, E. (1994): Identität und Lebenszyklus. Drei Aufsätze. Suhrkamp, Frankfurt/Main. 14. Aufl.
ESSER, J., (Hrsg.) (1992): Mit Kindern Frieden und Zukunft gestalten. Mülheim. Verlag an der Ruhr. 2. überarbeitete Aufl.
ESSER, G./SCHMIDT, M. H. (1987): Minimale Cerebrale Dysfunktion – Leerformel oder Syndrom. Stuttgart.
FALLER, K./KERNTKE, N./WACKMANN, N. (1995): Konflikte selber lösen. Das Streit-Schlichter-Programm. Mülheim.
FEND, H. (1990): Sozialgeschichte des Aufwachsens. Bedingungen des Aufwachsens und Jugendgestalten im zwanzigsten Jahrhundert. Suhrkamp, Frankfurt/M. 2. Aufl.
FÖLLING-ALBERS, M. (1992): Schulkinder heute. Auswirkungen veränderter Kindheit auf Unterricht und Schulleben. Weinheim, Basel. Beltz.
FRANKE, U. (Hrsg.) (1988): Das aggressive und hyperkinetische Kind in der Therapie. Berlin/Heidelberg.
FREINET, E. (1991): Erziehung ohne Zwang. Dialog und Praxis. dtv/Klett-Cotta, München.
FREUDENREICH, D. (1979): Das Planspiel in der sozialen und pädagogischen Praxis. Kösel, München.
FREY, K. (1991): Die Projekt-Methode. Beltz. 4. Aufl.
FRIED, E. (1990): Als ich mich nach Dir verzehrte. Gedichte von der Liebe. Berlin.
FRÖHLER, H. (1996): Spezialwörterbuch zur Rechtschreibreform.
FUCHS, R. (1991): Einführung in die Lernpsychologie. Darmstadt. 2. Aufl.
GAGE, N.L./BERLINER, D.C. (1986): Pädagogische Psychologie. Weinheim: Beltz.
GANGL, H./KURZ, R./SCHEIPL, I. (1993), Brennpunkt Schule – ein psychohygienischer Leitfaden. E. Ketterl.
GARDNER, H. (1993): Der ungeschulte Kopf. Wie Kinder richtig denken. Klett-Cotta, Stuttgart.

Literatur

GENDLIN, E.,T. (1987): Focusing. Technik der Selbsthilfe bei der Lösung persönlicher Probleme. Salzburg.
GLASL, F. (1990): Konfliktmanagement. Verlag Haupt; Bern/Freies Geistesleben.; Stuttgart.
GOFFMANN, E. (1985): Wir alle spielen Theater. Die Selbstdarstellung im Alltag. Serie Piper 312. 5. Aufl.
GOLDEMUND, H. (1977): Lehrstoffsammlung Schulspiel, LV für Schulspiel, Jugendspiel und Amateurtheater. Graz.
GORDON, TH. (1981): Lehrer-Schüler-Konferenz. Wie man Konflikte in der Schule löst. Reinbek.
GORDON, Th. (1989): Familienkonferenz. Die Lösung von Konflikten zwischen Eltern und Kind. München.
GORDON, TH. (1989): Managerkonferenz. Effektives Führungstraining. München.
GORDON, TH. (1993): Die neue Familienkonferenz. Kinder erziehen, ohne zu strafen. Hamburg.
GRELL, J. (1992): Techniken des Lehrerverhaltens. Beltz. 5. Aufl.
GRIBBLE, D. (1991): Auf der Seite der Kinder. Welche Reform braucht die Schule? Reihe Pädagogik. Beltz, Weinheim.
GRINDER, M. (1991): NLP für Lehrer. Ein praxisorientiertes Arbeitsbuch.
GRISSEMANN, H. (1989): Lernbehinderung heute. Psychologisch-anthropologische Grundlagen einer innovativen Lernbehindertenpädagogik. Ein Arbeitsbuch. Huber.
GUDJON, H. (1990): Spielbuch Interaktionserziehung. 185 Spiele und Übungen zum Gruppentraining in Schule, Jugendarbeit und Erwachsenenbildung. 4. erg. Aufl. v.: Praxis der Interaktionserziehung.
HARTMANN, W. u. a. (1988): Spiel und elementares Lernen. ÖBV
HASSENSTEIN, B. (1987): Verhaltensbiologie des Kindes. Piper, München.
HAVIGHURST, R. J. (1948): Developmental tasks and education. 1st ed., New York.
HAUG, H. (1984): Das überforderte Kind. FBH für Psychologie, 4. Auflage, Frankfurt/Main.
HEGELE, I. (Hrsg.) (1991): Lernziel: Freie Arbeit. Unterrichtsbeispiele aus der Grundschule. Beltz.
HEGELE, I. (Hrsg.) (1994): Lernziel: Offener Unterricht – Unterrichtsbeispiele aus der Grundschule. Beltz.
HEILAND, H. (1991): Maria Montessori. Reinbek.
HEITMEYER, W. (1989): Jugend – Staat – Gewalt. Weinheim und München.
HENTIG, H. v. (1976) Was ist eine humane Schule?. München: Hanser.
HENTIG, H. v. (1983): Aufgeräumte Erfahrungen. München.
HENTIG, H. v. (1990): Ergötzen, Belehren, Befreien. Schriften zur ästhetischen Erziehung. Carl Hanser, München/Wien.
HERBERT, H.-J. (1983): Innere Differenzierung im Unterricht. Kohlhammer.
HINZ, A. (1993): Heterogenität in der Schule. Integration – Interkulturelle Erziehung – Koedukation.
HUG, R. (Hrsg.) (1994): Integration in der Schule der 10- bis 14-Jährigen. Österreichischer Studienverlag, Innsbruck.
INDUSTRIELLENVEREINIGUNG Österr. (1993): Der Beruf des Lehrers im Wandel - Ansätze zur Veränderung. Wien.
JEGGE, J. (1990): Angst macht krumm. Erziehen oder Zahnrädchenschleifen. Zytglogge.
KINSBOURNE, M./CONNERS, K. (eds.) (1990): Attention deficit hyperactivy disorder. München.
KLIEBISCH, U. (1995 a): Kooperation und Werthaltungen. V.a.d. Ruhr.
KLIEBISCH, U. (1995 c): Kommunikation und Selbstsicherheit. V.a.d. Ruhr
KLIEBISCH, U. (1995, 1995b): Beraten kann man lernen. Essen.
KLIPPERT, H. (1996): Planspiele. Beltz-Praxis.
KOWALCZYK, W./OTTICH, K. (1990): Der Elternabend, Ratgeber für Eltern und Lehrer. Reinbek.
KRAPP, A., PRENZEL, M. (Hrsg.): (1992): Interesse, Lernen, Leistung. Münster: Aschendorff.
KRET, E. (1993): Anders lernen. Veritas, Linz.
KRET, E. (1989): Spielend lernen. Veritas, Linz.
KRET, E. (1997): Beiheft zum Stationenkoffer. Eigenverlag.
KRET, E. (1996): Lerntypen erheben – differenziert unterrichten. Bericht über ein Forschungsprojekt des BUMIFUK Österreich. Graz. PÄDAK.
LAITENBERGER, D. (1991): Leben mit der Wolfsnatur. Ein Weg zu ganzheitlichem Erziehen. Walter.
LEDL, V. (1994): Kinder beobachten und fördern. Jugend und Volk.
LEVEY, I. (1991): Die Kunst der Entspannung. Konzentration und Meditation. Hugendubel. 2. Aufl.
LIND, G. (1993): Moral und Bildung. Zur Kritik von Kohlbergs Theorie der moralisch-kognitiven Entwicklung. Heidelberg: Asanger.

MANN, Ch. (1991): Selbstbestimmtes Rechtschreibenlernen. Beltz Verlag, Weinheim und Basel.
MANN, I. (1988): Die Kraft geht von den Kindern aus. Eine stufenweise Befreiung von der Lehrerrolle. Beltz.
MANN, I. (1990): Lern-Probleme. Ein Buch für Eltern und Lehrer. Beltz. 2. Aufl.
MANN, I. (1991): Schlechte Schüler gibt es nicht. Initiativen für die Grundschule. Beltz. 5. Aufl.
MC CANDLESS, B: R: (1979): Adolescence: Behavior and development. Illinois.
MEYER, H. (1987): Unterrichtsmethoden. Band 2. Frankfurt a. M.: Scriptor. Ministerium für Kultus und Sport, Baden Württemberg (1984): Bildungsplan für das Gymnasium. Band 1. Villingen - Schwenningen: Neckar.
MEYER, H. (1992): Unterrichtsmethoden I: Theorieband. Cornelsen. 5. Aufl.
MILLER, R. (1995): Sich in der Schule wohlfühlen.
MISSILDINE, W. H. (1990): In dir lebt das Kind, das du warst. Klett-Cotta. 9. Aufl.
MITSCHERLICH M. (1986): Das Ende der Vorbilder. Vom Nutzen und Nachteil der Idealisierung. 3. Aufl.
MONTESSORI, M. (1995): Kinder sind anders. Or. 1938 München, 10. Aufl.
MONTESSORI, M. (1990): Ausgewählte Texte. München
MONTESSORI, M. (1994): Erziehung zum Menschen. Montessori-Pädagogik heute. Fischer, Frankfurt am Main.
MÜLLER, O.-W. (1993): Denkmuster und Handlungssteuerung in der Schule. Schwierige Situationen neu sehen lernen. Bad Heilbrunn: Klinkhardt.
NADOLNY, S. (1995): Die Entdeckung der Langsamkeit. Piper, München/Zürich.
NOLTING, H.-P. (1987): Lernfall Aggression. Rowohlt. Reinbek.
OERTER, R./MONTADA, L. (Hrsg.) (1995): Entwicklungspsychologie. 3. vollst.ü. Aufl. Psychologie Verlags Union, Weinheim.
OLIVIER, J.-C. (1995): Wohin mit der Aggression, Raufen und Spielen nach Regeln. Veritas, Linz.
ORNSTEIN, R./THOMPSON, R. F. (1993): Unser Gehirn: das lebendige Labyrinth. Reinbek.
ORTNER, A./ORTNER, R. (1997): Handbuch Verhaltens- und Lernschwierigkeiten. Beltz, Weinheim u. Basel. 4. Aufl.
PECHSTEIN, J. (1978): Sozial behinderte Kinder, in: Hellbrügge, The. (Hrsg.): Kindliche Sozialisation und Sozialentwicklung. München.
PECHTL, W. (1989): Zwischen Organismus und Organisation. Wegweiser und Modelle für Berater und Führungskräfte. Veritas, Linz.
PEDERSEN, P., CAREY, J. C. (1994): Multicultural Counseling in Schools. A practical handbook. Boston. Allyn and Bacon.
PETERMANN, F./PETERMANN, U. (1997): Training mit aggressiven Kindern. Einzeltraining, Kindergruppen, Elternberatung. 8., ü. Aufl. Psychologie Verlags Union, Weinheim.
PETERSSEN, W. H. (1992): Handbuch Unterrichtsplanung. 5. Ü.u.akt.A.
PIAGET, J. (1988): Das Weltbild des Kindes. Dialog und Praxis. dtv/Klett-Cotta, München.
PIAGET, J/INHELDER, B. (1986): Die Psychologie des Kindes. dtv, München.
PÖSSNECKER, A./SCHNEIDER, S. (1995): Kind und Medien. Ehrenwirth. München. 1. Aufl.
PÖSSNECKER, J./RÖTHLEIN H. J. (1995): Schule im Brennpunkt. Süchte und Sehnsüchte. Veritas. Linz.
POSTMAN, N. (1995): Keine Götter mehr. Das Ende der Erziehung. Berlin Verlag, Berlin.
PREKOP, J. (1991): Der kleine Tyrann. Welchen Halt brauchen Kinder? dtv, München.
PREUSS-LAUSITZ, U. (1993): Die Kinder des Jahrhunderts. Zur Pädagogik der Vielfalt im Jahr 2000. Beltz, Weinheim.
PÜHL, H/SCHMIDBAUER, W. (1991): Supervision und Psychoanalyse. Selbstreflexion der helfenden Berufe. Fischer, Frankfurt am Main.
RADEMACHER, H./WILHELM, M. (1991): Spiele und Übungen zum interkulturellen Lernen. Berlin. Verlag für Wissenschaft und Bildung.
RAMSEGER, J. (1992): Offener Unterricht in der Erprobung. Erfahrungen mit einem didaktischen Modell. Juventa. 3. Aufl.
RAPAAILLE, G. C. (1984): Versteh deine Eltern. Bucher, München.
REDL, F./WINEMAN, D. (1986): Kinder, die hassen. Auflösung und Zusammenbruch der Selbstkontrolle. Herausgegeben von Reinhard Fatke. Aus dem Amerik. von Gudrun Iheusner-Stampa. Piper, München. 2. Aufl.
REDL, F./WINEMAN, D. (1986): Steuerung des aggressiven Verhaltens beim Kind. Herausgegeben von Reinhard Fatke. Aus dem Amerik. von Norbert Wölfl und Reinhard Fatke. Piper, München. 4. Aufl.

Literatur

RICHARDSON, J. (1992): Erfolgreich kommunizieren.
RICHARDSON, ST. A., Ecological research in mental retardation, in: SALZINGER, S. u.a.
RICO, G.L. (1994): Garantiert schreiben lernen. Sprachliche Kreativität methodisch entwickeln - ein Intensivkurs auf der Grundlage der modernen Gehirnforschung. Rowohlt, Reinbek.
RINGEL, E. (1993): Schule zwischen Macht und Ohnmacht. in: GANGL H./KURZ, R./SCHEIPL, I. (Hrsg.), Brennpunkt Schule – ein psychohygienischer Leitfaden. E. Ketterl.
ROGERS, J. (1971): Adults learning. Marmondsworth.
ROSS, A. D. (1981): Child behavior therapy. Wiley, New York.
RÜTIMANN, H. (1993): Sprachentdecker. Eine Grammatik-Werkstatt. Zytglogge, Bern
SALZINGER, S/ANDROBUS, J./GLICK, J. (1980): The ecosystem of the „sick" children. Implications for classification and intervention for disturbed and mentally retarded children. New York.
SATIR, V. (1992): Kommunikation – Selbstwert – Kongruenz. Junfermann, Paderborn.
SCHELLER, I. (1991): Erfahrungsbezogener Unterricht. Scriptor. 3. Aufl.
SCHENK-DANZINGER, L. (1976): Mögliche Verursachung von Lern- und Verhaltensstörungen. München.
SCHIRP, H. (1993): Schule und Gewalt. Soest.
SCHMALCHER, E. (1989): Den Kindern das Leben zutrauen. Angewandte Entwicklungspsychologie und -beratung. Fischer, Frankfurt am Main. 2. Aufl.
SCHULMAGAZIN ÖSTERREICH. Impulse für kreativen Unterricht. Streit und Versöhnung im Klassenzimmer. Heft 1-1996/97 (1997), Ehrenwirth/Veritas/Oldenbourg/Prögel.
SCHULTE-MARKWORT, M. (1994): Gewalt ist geil. Mit aggressiven Kindern und Jugendlichen umgehen. Thieme, Stuttgart.
SCHULZ VON THUN, F. (1989a): Miteinander Reden 1. Reinbek.
SCHULZ VON THUN, F. (1989b): Miteinander Reden 2. Reinbek.
SEDLAK, E. (1992): Verhaltensauffällig, was nun? in: Beiträge zur päd. Psychologie. Päd. Verlag E. Ketterl.
SEDLAK, F. (1992): Das MIND Modell, in: Beiträge zur päd. Psychologie. Päd. Verlag Eugen Ketterl.
SINGER, K. (1993): Lehrer-Schüler-Konflikte gewaltfrei regeln. Beltz, Weinheim und Basel.
SINGER, W. (1990): Gehirn und Kognition. Spektrum der Wissenschaft, Heidelberg.
SPREITER, M. (Hrsg.): (1993): Waffenstillstand im Klassenzimmer. Vorschläge, Hilfestellungen, Prävention. Beltz, Weinheim und Basel
STAHL, Th. (1990): Triffst du nen Frosch unterwegs ... NLP für die Praxis. Junfermann.
STONE, J./CHURCH, J. (1979): Kindheit und Jugend. Einführung in die Entwicklungspsychologie, Bd. 2.
STRITTMATTER, P. (1993): Schulangstreduktion. Abbau von Angst in schulischen Leistungssituationen. Neuwied.
TANNER, J. M. (1962): Wachstum und Reifung des Menschen. Stuttgart
TEMEL, H. (1991): Entspannt lernen. Streßabbau, Lernförderung und ganzheitliche Erziehung. VERITAS. 3. Aufl.
TEMMEL; Ch. (1993): Streß im Lehrberuf, eine österreichweite Studie 1993 im Auftrag der Bundessektion Pflichtschullehrer – GÖD – Wien.
TENNSTÄDT, K. C./RAUSE, F./UMPERT, W./ANN, H.-D. (1994): Das Konstanzer Trainingsmodell (KTM): Neue Wege im Schulalltag: ein Selbsthilfeprogramm für zeitgemäßes Unterrichten und Erziehen. Band 1. Trainingshandbuch. Verlag Hans Huber. 2. Aufl.
TEPPERWEIN, K. (1987): Die Kunst mühelosen Lernens. Neue Lernmethoden machen es ihnen leicht. Goldmann, München. 3. Aufl.
THOMANN, C./SCHULZ VON THUN, F. (1988): Klärungshilfe. Handbuch für Therapeuten, Gesprächshelfer und Moderatoren in schwierigen Gesprächen. Rowohlt, Reinbek.
VALZELLI, L. (1981): Psychobiology of aggression and violence. New York.
VOLKER, K. (1996):. Schule im Brennpunkt. Heft „Jugend und Gewalt", Ehrenwirth, Veritas, München–Linz.
VOPEL, K. (1991): Kinder ohne Streß: Bewegung im Schneckentempo. Isko-Press. 2. Aufl.
VUCSINA, S. (1996): Deutsch anders unterrichten. Veritas, Linz.
WAHL, D./WEINERT, F. E./HUBER, G. L. (1984): Psychologie für die Schulpraxis. Kösel.
WALKER, J. (1995): Gewaltfreier Umgang mit Konflikten in der Grundschule. Spiele und Übungen, Frankfurt am Main. Cornelsen Verlag Scriptor.
WATZLAWICK, P. (1987): Wie wirklich ist die Wirklichkeit? Wahn – Täuschung – Verstehen. Piper, München. 15. Aufl.
WATZLAWICK, P. (1994): Vom Unsinn des Sinns oder vom Sinn des Unsinns. Piper, München.
WATZLAWICK, P./REAVIN, J. H./JACKSON, D. D. (1985): Menschliche Kommunikation, Formen, Störungen, Paradoxien. H. Huber, Bern, Stuttgart, Toronto.
WEBER, E. W. (1990): Schafft die Hauptfächer ab! Plädoyer für eine Schule ohne Streß. Zytglogge.
WEINER, B. (1988): Motivationspsychologie. München, Weinheim. Psychologie Verlags Union. 2.Aufl.
WEINHÄUPL, W. (Hrsg.): (1995): Lust auf Schule. Veritas Verlag, Linz.
WERNER, G. (1973): Das behinderte Kind – Vorsorge, Früherkennung, Hilfe, Ausbildung. Stuttgart.
WIDLÖCHER, D. (1991): Was eine Kinderzeichnung verrät. Fischer, Frankfurt am Main. 4. Aufl.
WILD, R. (1991): Erziehung zum Sein. Erfahrungsbericht einer aktiven Schule. arbor.
WILD, R. (1992): Sein zum Erziehen. Mit Kindern leben lernen. arbor. 3. Aufl.
WILLI, J. (1986): Die Zweierbeziehung. Spannungsursachen, Störungsmuster, Klärungsprozesse, Lösungsmodelle. Rowohlt, Reinbek b. Hamburg.
WINKLER, R. (1993): Aggressionen und Konzentrationsstörungen in unseren Schulen, Fallberichte aus dem Schulalltag in: GANGL H./KURZ, R./S CHEIPL, I. (Hrsg.), Brennpunkt Schule - ein psychohygienischer Leitfaden. E. Ketterl.
WINSBERG, B. G./JAVITT, D. C./SILIPO, G. S./DONESHKA, P. (1992): Mismatch negativity in hyperactive children. (Personal communication)
ZELTNER, E. (1993): Kinder schlagen zurück. Zytglogge, Bern.
ZENTRUM FÜR INTEGRATIVE BETREUUNG (Hrsg.) (1992): Leistungsbeurteilung in sozialintegrativen Klassen.
ZIMBARDO, Ph. G./RUCK, F. L. (1978): Lehrbuch der Psychologie. Springer, Berlin, Heidelberg u. New York.
ZITZELSBERGER, H. (1991): Ganzheitliches Lernen. Welterschließung über alle Sinne mit Beispielen aus dem Elementarbereich. Beltz. 2. Aufl.
ZULLIGER, H. (1989): Heilende Kräfte im kindlichen Spiel. Fischer, Frankfurt am Main.
ZULLIGER, H. (1989): Umgang mit dem kindlichen Gewissen. Fischer, Frankfurt am Main.
ZUSCHLAG, V./THIELKE, W. (1989): Konfliktsituationen im Alltag. Verlag für Angewandte Psychologie, Stuttgart.

Auflösung des Rätsels von Seite 113: Romeo und Julia sind zwei Goldfische.

Zehn Gebote für den Umgang mit Kindern
(Hentig, H.v., in: ders., Bibelarbeit. Verheißung und Verantwortung für unsere Welt, © 1988 Carl Hanser Verlag, München, Wien)

1. Du sollst Kinder achten wie dich selbst.
2. Du sollst einem Kind nicht vorenthalten, was dir wichtig ist: nützliche Arbeit, Verantwortung, Verfügung über ein Eigentum, über die Einteilung der Zeit, über die Wahl der Freunde.
3. Du sollst ein Kind nichts lehren, woran dir selber nichts liegt; du sollst es nicht langweilen.
4. Du sollst nichts für ein Kind tun, ohne es zu fragen; auch wenn es weder deine Fürsorge noch deine Frage versteht – es ist gut, wenn du diese Gewohnheit hast.
5. Du sollst nicht wegsehen, es soll dir nicht gleichgültig sein, wenn ein Kind etwas Falsches tut, Unwahrheiten, Torheiten, Grausamkeiten begeht.
6. Du sollst eines Kindes Liebe und Vertrauen nicht zurückweisen – so wenig wie seine Trauer, seine Angst, seine Neugier, seine Phantasie.
7. Du sollst ein Kind nicht anders „machen" wollen, als es ist – aber du sollst ihm helfen, anders zu werden, wenn es das will. Du sollst vor allem nicht machen, dass es will.
8. Du sollst, wie du einen Zehnten für die Kirche gibst, in dieser Welt einen zweiten Zehnten für die Kinder geben – die fernen wie die nahen, die dies brauchen.
9. Du sollst an der Welt arbeiten, so dass du sie ohne Scham den Kindern übergeben kannst.
10. Du sollst nicht Kinder haben, wenn du dir nicht vorzustellen vermagst, dass sie ein würdiges Leben in ihrer Zeit führen können.